JN277621

INVENTER L'INCONNU

未知なるものの創造

マルクスの政論

Daniel Bensaïd
ダニエル・ベンサイド 著

渡部 實 編訳

同時代社

INVENTER L'INCONNU

Textes et correspondance autour de la Commune
by Daniel Bensaïd
Copyright © La Fabrique Édition., 2008

This Japanese edition is published in 2013
by Doujidaisya, Publishers, Tokyo
by arrangement with La Fabrique Édition, Paris through Tuttle-Mori Agency, Inc., Tokyo

はじめに

大仏次郎氏の『パリ燃ゆ』が江湖にまみえたのは一九六四年であった。

当時朝日新聞には、この書を理解できる人が我が国にどれほどいようかという趣旨の書評が掲載され、それではと、六〇年安保の直後で血気にはやっていた医学生の私は直ちに買い求め夢中になって読んだのを想い出す。もちろん一九世紀のヨーロッパ史に詳しくなかった私にはこの書の時代背景が理解できず、あまりにこみ入った筋書きに閉口していたが、以来、この書の主題であるパリ・コミューンというものを立体的にとらえる機会をぜひ作らねばということが、ずっと頭の片隅にあった。長じるにつれてマルクスの『フランスにおける市民戦争』『ルイ・ボナパルトのブリュメール一八日』『フランスの階級闘争』に接する機会があり、密接不可分の関係にあるこれらフランス三部作をまとめて、その歴史的（過去形ではなく）意義を解いている書物がないかと探していた際、友人に紹介されたのがこのダニエル・ベンサイドの『未知なるものの創造』であった。慣れないフランス語に四苦八苦しながら訳了できたのも友人たちのおかげであるが、今やっと学生時代からの宿願を果たせた思いである。

目次にあるとおり、原著にはこの「マルクスの政論」の他、直接関連する著作とマルクス、エンゲルスの書簡が収められているわけであるが、これらについては従来から成書が刊行されており、割愛させていただいた。しかしこれらは無限の価値をもつものであり、諸賢には一読をお勧めしたい。

なお、訳語の件で、『フランスにおける市民戦争』（THE CIVIL WAR IN FRANCE）は従来から『フランスの内乱』とされてきたが、パリ・コミューンは時のティエール政府によって挑発されたものであり、「内乱」というのは実体にもあわず、原語から正確に「市民戦争」と統一した。もうひとつ「プロレタリアートの独裁」の「独裁」という訳語は、いかにも権力的な表現で、以前より異論のあるところであり、執権などとする提案もあるようであるが、本書ではローマ時代の原義に照らしてラテン語の「ディクタトゥーラ」を用いた。

底本は、Inveter L'inconnu.: Textes et correspondance autour de la Commune.: Daniel Bensaid. La fabrique edition. Paris. 2008を用いた。

目　次

※左記は原著には収録されているが、本書では割愛させていただいた。

国際労働者協会への呼びかけ　カール・マルクス

Ⅰ　フランス・プロイセン戦争についての国際労働者協会総評議会への第一の呼びかけ
（一八七〇年七月一九日の戦争勃発の日から七月二三日にかけて執筆）

Ⅱ　同　第二の呼びかけ
（一八七〇年九月二日、皇帝ナポレオンが捕虜となり軍隊が降伏し、共和制が宣言された九月四日の二日後から九月九日にかけて）

Ⅲ　同　フランスにおける市民戦争
（一八七一年五月二八日のパリ・コミューン陥落の二日後の五月三〇日）

フリードリッヒ・エンゲルスの一八九一年　ドイツ語第三版への序文

コミューンをめぐるマルクス・エンゲルスの書簡

Ⅰ　国際主義と来たるべき戦争（一八六六年―一八七〇年）

Ⅱ　プロイセンの占領とコミューン（一八七〇年九月―一八七一年九月）

Ⅲ　国際労働者協会の解散と労働運動の発展（一八七二年六月―一八九四年三月）

奴らは銃で彼女を殺した。
機関銃を撃って殺した。
そしてぬかるんだ粘土の中に
旗もろとも転がした。その上、
脂ぎった死刑執行人の輩どもは
自分らを最強と自惚れたものさ。
ニコラよ、
何があったって
コミューンは死んではいないよ。

「コミューンは死んではいない」ユージェーヌ・ポティエ[*訳注(1)]　一八八六年（拙訳）

筆舌に尽くし得ぬ責め苦。
そこにおいて彼はあらゆる信念、あらゆる超人的な力を必要とするのであり、
さらにまた、極めつけの偉大な病者、偉大な罪人、偉大な呪われ人になるのであり、

――そして至上の学者となるのです！――

なぜなら彼は未知のものに到達するのです！

「ポール・ドゥムニへの手紙」アルチュール・ランボー　一八七一年五月一五日（宇佐美斉訳）

〔訳注〕
（1）ユージェーヌ・ポティエ（1816―1887）労働者出身の革命詩人「インタナショナル」の歌詞の作者。

序文

一九八〇年代の初頭、週刊「ニューズウィーク」は表紙で「マルクスは死んだ」と宣言した。奇妙な宣言である。

どんな出版編集者でも、このようにプラトンやスピノザの死を宣言するとは思いもよらないだろう。それゆえマルクスの死についてのこれみよがしな表明は、マルクスが決定的に葬り去られるという願望と、彼の幽霊が戻って来はしないかという危惧とを表している。

そしてマルクスは戻って来たのだ。

四分の一世紀ほど後に、彼の（永遠の）回帰が、あるひとつの雑誌に現れた。しかし如何なる回帰か？

ある人たちは労働と疎外についての批判哲学に敬意を表し、ある人たちは資本の神秘を鮮明化した素人経済学者の寄与を称えたのである。そしてさらにある人たちは、その経済市場の世界的規模への拡張予想〔グローバリゼーション—訳注〕にうやうやしく頭を下げたのである。

しかし全てもしくはほとんどの人たちが一致しているのは、彼の政治学的思考についての欠如あるいは脆弱さである。

彼らはあたかもジャーナリストや学術的な政治学者たちが厳密にそれを受け止めるかのように、マルクスの政治的、議会的、あるいは立憲的思考の点において一致して判断しているのである。

彼らはマルクスの存命中普通選挙は存在しなかったこと、国会の代表とは例外的なものであり、そして定められたものではなく、我々の知る投票マシーンのイメージにあるような政党数もより多くはなかったことを忘れている。まずなによりも政治とは、マルクスが考察に努めたとおり「抑圧された人たちのための政治」、つまり権利を剥奪され排除された彼らのための政治であった。

それでもそのことが彼にイギリス議会制の行く末、スペインの政治危機、アメリカの南北戦争についての洞察力ある時評欄担当者となることを妨げはしなかった。現在出版の行程にある「プレイアド(星団)」誌の彼の政治に関する著作内容は、この点について、無知な批評家たちにとって非常な驚きとなることを含んでいる。

それでもやはりそのまま許されずにはいられないのは、彼らはフランスの革命的危機にかかわる三部作――『フランスの階級闘争』、『ルイ・ボナパルトのブリュメール一八日』、『プロシャ・フランス戦争』とコミューンについての文献(『フランスにおける市民戦争』)――の論点を知らずにいるか、あるいはちっとも理解していないことである。

それでも彼らは政治的描写の疑問点や社会的対立と政治的対立の間の関連を巧妙に読み取ろうとしてはいる。

人の理解するところの少ないマルクス（エンゲルスも！）の政論はその全くもって複雑な方法のもとに展開された。戦争と革命との、国民的問題と社会的問題との、共和制と真の民主主義との、これらの間の弁証法が着眼点であるとするなら、あるいはまた国家とボナパルティズムの分析が問題となるなら、パリのコミューンが、力強い啓示を示している。

それは現実に民主主義の前代見聞の形態を身をもって示したのであり、そのことで我々は人間と市民との、生産者と消費者との、ストライキ参加者とその益権者との間の境目を乗り越えることを示唆させるものであった。

烈火の行動の最中にロンドンで起草された国際労働者協会総評議会の呼びかけを行ったマルクスの介入は、当時進行中であった出来事に関する戦略的解釈の素晴らしい例である。

パリ市民の反徒との無条件の連帯の必要性は、その反乱の絶頂期における矛盾の紛糾を前にして、また当事者たちのためらいや軽率な行動を前にしてもその批判的明晰さや、その政治的行為が賭けをともない、常に速すぎるか遅すぎるという悲観的認識を決して失わせることはなかった。以上を考慮に入れて我々は以下の三つの内容をまとめてこの本を出すことにした。

1、「マルクスの政論」のタイトルでフランスの階級闘争についての三部作からは離れて、全体をまとめた視野のもとにコミューンの教訓を書きとめようとし、この反乱の中で行われた様々な挑戦的な事柄を前にして形成されていったある政治的考察の特異性を把握しようとした小論であること。

2、プロシャ・フランス戦争とコミューンに関するマルクスとエンゲルスの最も完成された文献（国際労働者協会総評議会の二つの呼びかけ、『フランスの市民戦争』の名で発行された小冊子、および一八九一年の再版へのエンゲルスの重要な序文）を収載した。

3、この時代の社会主義の動向をめぐる議論と、コミューンの試練が表面化させ、そしてさまざまな戦略のありかたを明確に説明した内容を解析する書簡類と資料集を収載した。

二〇〇八年八月　ダニエル・ベンサイド

マルクスの政論

——『フランスにおける市民戦争』の階級闘争

ダニエル・ベンサイド

もし確かな勝算がある場合にだけ戦いに応じるものとしたら、
世界史をつくることは、たしかにはなはだ気楽な仕事であったろう。
歴史とはそもそも神秘的な性質であるものなのだ。

「マルクスからクーゲルマンへの手紙」ロンドン　一八七一年四月一七日

マルクスの読者の多くは、彼は仮借ない経済決定論であると非難を浴びせる。その大部分は『フランスの階級闘争』『ルイ・ボナパルトのブリュメール一八日』『フランスにおける市民戦争』*原注(1)が含まれる彼の政治的著作にたいする無理解がそうさせると考えねばならない。エンゲルスの戦略的著作「ライン河とポー河」（一八四九年）、「サヴォア、ニースとライン河」（一八六〇年）、「一八六六年のプロシャ・オーストリア戦争」あるいはまた「新ドイツ帝国形成時の暴力と戦争」（一八八七年）にしてもそうである*原注(2)。

マルクスの三冊の文献の最初と最後では約二〇年の間隔があり、そこにはフランスの階級闘争が闘われた激動の時代を通して政治、代議制、国家、民主主義についての見解が浮き彫りにされていて、それらは三部作というような体を成しているとは言い難い。

それらは一九世紀における一つの思想の形を露わにする補充作業をし、またそれに呼応しあっている。

その思想とは近代性を有するマルクスの批判のある種別の側面にあり、政治的経済学批判の偉大なる太陽――資本論――が目をくらませている読者たちには、あまりに多くの場合理解されていないのが実情である。マルクスが経済情勢につての驚嘆すべき分析家、あるいは政治についての達人ぶりを発揮したのは、経済及び社会の決定論によるその単なる作用と反作用からではなく、媒介の作用によるものであった。

集団の力と個々の歴史上の役割はあたかもフロイトの無意識の兆候のように夢と思い違い、流動と集結の相互作用によって解読することができる。

政治的作為は歴史の論理の平板な翻訳でも、あらかじめ定められた運命の完遂に帰せられるものでは決してない。事件や急変動、不意のさまざまな出来事から生じうる革命の不確かさは全てそこにあると言ってよい。「マルクスは一八四八年二月の件〔二月革命―訳注〕に関して全ての革命は改革宴会(banquet)*訳注(1)の問題を必要としていると書いた。普通選挙、それが新しい革命をめぐる宴会での問題だった」のである。

小さな(見かけは)原因が大きな効果を生む。選挙権のための宴会キャンペーンが君主制の転覆に行きつく。それは主導者たちの穏健な意図をはるかに凌駕した。だから「宴会の問題」は遼原に火を放つ火花だったのだ!

あらゆる革命はそれぞれに固有の要素を持つ。それ特有の不正行為、スキャンダル、挑発。一八七一年にパリのベルヴィルの市民の武装解除をしようとした企てはパリ・コミューンを生んだ。重反逆罪の汚名を着せられた一士官の国外追放はもうすこしで市民戦争を惹起するところであった。

ソルボンヌの警察による強制退去は六八年三月にゼネストを引き起こした。

〈原注〉

〈1〉『フランスの階級闘争』（一八五〇年）および『ルイ・ボナパルトのブリュメール一八日』パリ、フォリオ・コレクション〔collection Folio〕2002、『フランスにおける市民戦争』パリ、社会出版〔Editions sociales〕1968、『ブリュメール一八日』についてはフォリオ社〔Folio〕と、ガルニエ―フラマリオン社〔Garnier-Flammarion〕から出ている二〇〇七年の最新の再版を参照。ここにはJean Duchangeと Emmanuel Barrot および Gregoire Chamayou の各々の極めて豊富な序文が付いている。

〈2〉これらのテキストはマルクス　エンゲルスの『戦況時評』（エルヌ出版〔Editions de l'Herne パリ 1970〕）による。

〈訳注〉

（1）改革宴会　一八三〇年に始まる七月王制は、産業革命の開始という社会的変動を内包した金融資本の支配した社会であった。王制復古末期の経済不況の圧力下に三一年一一月のリヨンの絹織物工場のストライキを初め全国にストライキや食糧暴動が続発し小ブルジョア急進派からは普通選挙の要求とそれを通じての社会立法実現の要求が起き、王朝派左翼の主導で各政府反対派との選挙改革の運動は「改革宴会」の形をとって全国に波及した。ここに小ブルジョア大衆と労働者層の結社が流れこみ、下からの民衆運動に発展し、これを弾圧する王制に対抗して一八四八年の二月革命の口火を切ることになった。

I　戦略的作戦の舞台

政治の切分音的旋律

事件の不意の出現は、通常の労働や、活気のない連鎖、「事変のない歴史」、単調な繰り返しを打ち砕いてしまう。

つまり「真実のない情熱、情熱のない真実、英雄的精神のない英雄、事変のない歴史、暦を進めることのみが唯一の推進力であるかのよう思える発展は常に同じ緊張と弛緩を繰り返すことや、根本的な解決ではなく感覚を鈍らせることをするためだけに周期的に自分たちを刺激し合うように見せている矛盾によって疲弊[*原注〈1〉]」している。

英雄も事変もないこのような歴史の時代は時計やカレンダー、時間と四季の永遠の反復のように機械的なものである。

さて、政治的闘争は固有の周期、リズム、それに適した時間性を有するものであって、経済の指標に応じた指標を必然的に示すものではない。政治と社会の間には象徴と想像の産物が分かち持つ隙間がある。したがって媒介の作用である政治はまた不意の出来事、思いがけない不都合と好機との作用でもある。

だから一八四八年の憲法制定議会[*訳注(1)]の選挙のためにはブランキが要求したように「準備に要する時間」が必要であったかも知れない[*原注(2)]。急かされた選挙は現実に立ち遅れ、また代表される者に相応しい代表制、事実に見合った観念（の形成）を遅らせることになった。

このことは一例だけではない。

一九一七年にも憲法制定議会は一〇月の蜂起を遅らせた。時機、政策、社会、象徴体系の不一致が問題なのだ。

その結果、諸革命は満を持して起きはしないという結論を招いた。革命は真の好機というものを知らない。「もう遅い」と「まだだ」との間で、早すぎることと遅すぎることとの間で板挟みになっている。「もし一七九三年のコミューン[*訳注(2)]がその同胞愛の請願のもとに早すぎて起きたのであればバブーフの登場は遅すぎたのであろう」「もしプロレタリアートがフランスをまだ統治できなかったら、ブルジョアジーはもうすでに統治はできなかった[*原注(3)]」。

この時間のずれにフランスの一八四八年六月の闘い、ロシアの一九一七年七月の闘い、そしてローザ・ルクセンブルクとカール・リープクネヒト[*訳注(3)]が命でその代償を払ったドイツの一九一九年一月の悲劇が起きえたのである。直線的ではなく、寸断され、多くの結び目やふくらみから成る政治の時間性のために、革命は究極の例証を導き出すこととなる。過去、現在、未来の行為が重なり合い結び合わされる。

例えば、一八四八年にパリのプロレタリアートは「（臨時政府に）共和制を押しつけること」で解放のための自分自身の戦いのために戦場を征服したが、「全くもって彼ら自身を解放するものではなかった」。なぜなら労働者階級は「まだ自分自身の革命を遂行することはできなかった[＊原注〈4〉]」のである。

しかしながら（ドイツ、ハンガリー、イタリアの）国家革命は、当時プロレタリア革命の運命に従属させられ、「その外見上の自主性、社会的大変革についての独立性を奪われていた[＊原注〈5〉]」。それはつまりすでに当時階級の対立が革命の偉業によって融合していた人々を二つに分裂させていたということを物語っている。

ミシュレ[＊訳注〈4〉]はそのことを一八四六年以来見抜いていた。「ブルジョアジーが民衆から離反し、自分の行動力とエネルギーによって立ち上がり、その勝利の最中に突然自らの上に崩れこんだのを見るには半世紀あれば十分だった[＊原注〈6〉]」。

つまりこの半世紀は一七九三年にパリのサンキュロット[＊訳注〈5〉]が感じていた「この未知の革命の埋もれている幼芽」が熟していたのである。「古典的共和主義者たちは、彼らの後方を足早に歩き、彼らにその速さによって勝ち越した幽霊を有していた。つまりそれは今日我々が社会主義と呼ぶ一〇〇の思考と一〇〇〇の派閥を持つロマン派的な共和主義者のことである[＊原注〈7〉]」。

この幽霊こそが一八四七年の年の暮れに編集された『共産主義者のマニフェスト』の冒頭以来、ヨーロッパを徘徊し、その数週間の後にヨーロッパの舞台に突如として出現した幽霊と同じものなのだ。

一八四八年の二月から六月までの諸事変の成り行きの中で幽霊は実体を現わした。

「ブルジョアジーは彼らが封建制に対して鋳造していた武器のその矛先が彼ら自身に歯向かう手段に変えられたこと、彼らが造り出した育成的な手段が彼ら自身の文明に反逆したこと、彼らが創造した神々が彼らを見放したことを完全に理解していた＊原注〈8〉」

それ以来その幽霊はミシュレが形容していたもはや「ロマン派的」ではない、共産主義者の革命という名称と旗を携えた。

「革命の経過中にあらゆる意味での改革支持者が、また中産階級の最も穏健な主張が、革命の最過激派のもとに、赤旗のもとに結集されるほどに急速に情勢が熟したのである＊原注〈9〉」。かくして一八四八年五月四日に選ばれた憲法制定議会のもとでブルジョア共和主義者は優勢を占めた。こうして立憲君主制の破産の後に来たものは「共和国の名においてのみプロレタリアートに闘いを挑むことができるということであった」。

マルクスが第二共和制の公式の誕生を記したのは五月四日である。しかし実際の誕生の場所と日付は「二月の革命ではなく、六月の敗北」である。

敗れたプロレタリアートは、その際、声明を出したばかりの共和制に、宣言された公式の国家の指標が「賃金奴隷制の永続」である政府として出現するように無理強いした。

つまり「ブルジョアジーとは王を持たず、支配そのものの形態が共和制である」それは「匿名の支配」のもとに「王政復古と七月王制の合成」が完成することを意味する。

この完成された形態のもとで立憲共和制は保守派の利益のための連立を実現し、その後はそれに対して「赤い共和制」の同盟を対抗させたのである。*原注〈10〉

一八四八年二月二四日の王が逃亡した翌日、共和制は「そのまま進行して行くかのように見られた」が、プロレタリアートは共和制に「社会共和制」として明言することを望んだのだ。

だから六月の対決は、近代社会を裂いている二つの階級間の初めての大闘争を示した。近代社会は単に人民の想像上の統一体ではない。「ヨーロッパの市民戦争のうち最も偉大な事変」の衝撃のもとに決定的に二つに分裂した近代世界の歴史なのである。

共和制と君主制の間の切り替わりは、そこから形を変えて出現したのである。

「二月革命の始まりにおいては、社会共和制は中味のない方式や一種の予言のようにして登場した」が、しかし六月の闘いの際には血の中で息を詰まらせられたが『共産主義者のマニフェスト』で予告された「ドラマの次の幕で徘徊する」幽霊として継承されたのだ。*原注〈11〉

マルクスが『ブリュメール一八日』を出版したまさに同じ頃、ベルイルの牢に投獄されていたブランキ*訳注〈6〉は、彼の友人であるメラールにほぼ同じような内容を書いている。「かくも長い間、我々が無理やりに強いられていたことは市民戦争以外の何であったのか？　誰に対してであったのか？ああ、そうだ、まさにそこに言葉の曖昧さによって人を混乱に陥れようとする問題があるのだ。なぜなら、敵どうしの二つの旗〔三色旗と赤旗―訳注〕が真っ向から正面衝突することを避けようとしていることが問題なのだ*原注〈12〉」。

これがもうこれ以上二月を繰り返すことは望まない温和なブルジョア共和主義者たちと社会主義者たちとを以後区別されねばならない理由なのである。

かくて一八四八年にブルジョアジーは共和制の美名とスローガンを横取りした。「ただし幸いにも。彼らは我々の旗を拒否した。それは我々の手元に置いたままである」とブランキは言っている*原注〈13〉。「働く者の血の赤は」と流行の歌は唄っている。

一八七一年にマルクスは「ボナパルトをその大統領とした議会的共和制〔第二共和制―訳注〕」は、「彼の統治に相応しい形態」をし、「ブルジョア諸分派の一群の活動による匿名の社会」であり、さらに言えば「階級支配のテロリズム」であったと再び指摘している*原注〈14〉。

また四〇年後、エンゲルスは一八四八年の物事の発端となった経験について振り返って、労働者たちは結局、社会共和国によって理解していなければならなかったことを、当時「まだ周知していなかった」と、書くことになる。概念と言葉が事柄に先んじてしまったのである。

この亡霊的共和制に実体を与えるためには、産業の飛躍とヴィクトリア期の世界制覇よって豊かになった実際の世界の変動について時間をかけて習得することが必要であったろう。とりわけ蜂起したパリ市民によるコミューンという匿名の創意が必要であったのだ。

『フランスの階級闘争』、『ルイ・ボナパルトのブリュメール一八日』でマルクスはブランキの名前を挙げながら一八四八年六月の試練から戦略上の論理的帰結を引き合いに出し始めた。

「プロレタリアートはますます革命的社会主義、共産主義の周りに結集する。そのためにブルジョアジー自身がブランキの名前を発見した。この社会主義は〝永続革命〟*訳注(7)の宣言に他ならない」*原注(15)。これは彼マルクスが共産主義者同盟の呼びかけの結論の中でスローガンの形で繰り返した定式である。つまりは「労働者たちの鬨の声」は今後、永続革命でなければならないというものである。それは行為と経過、瞬間と持続、事変と歴史を、問題を提起しながら結合する謎の合言葉である。しかしそれは政治的時間性の弁証法的特徴を表している。

「〈生産様式と政治的理念〉の直接的関係が立証されて以来、それとは反対に物事はもはや明快なものではなくなった」と、人生の黄昏にあった老エンゲルスは警告した*原注(16)。その点で彼は若者〔カウツキー——訳注〕が書いていたことに誠実であった。

「ドイツ人には自明なことであるが、視野の狭いイギリス人には認めがたい一つの事柄があるとすれば、それは歴史においてはいわゆる物質的利害はそれだけでのみ完結するものではないということである*原注(17)」

なぜなら革命は不時の出来事を引き起こし、決断力の集結を融合した状態で導入させ、変貌、変容を遂げる好機であるからであり、唯一の自己同一性に固定されるにも、ブルジョア的かプロレタリア的か、社会的か国民的かという唯一の実質に帰するにも、たしかに不安定で困難なものであるからだ。「革命を始めるのに使われる名前は勝利の暁に旗に書かれる名前であることは決してない。成功の機会を確信するためには、革命運動は、現代社会において最初は、現政府に反対であっても現存社会とは完全に調和している要素から外観を借りなければならない。一言で言えば、革命は公けの舞台への入場券を支配階級そのものから受け取らねばならないのだ」*原注〈18〉

要するに、革命は不時の出来事に対応する術であり、そして政治は策略と取り違いに満ちた劇場の舞台なのである。そこでは俳優は仮面をかぶったり、時には役割を取り換えたりの外観を呈する。マルクスとエンゲルスが中傷者たちによってそのせいにされている平板な経済決定論とは遠く離れたものである。

革命の領域の拡大

新しい革命は、時間において連続的だが空間においてもそうである。

見て来たように、政治はそのもののリズムを持っている。革命的情勢においては、数時間は数日、数日は数カ月に相当する。「こうした混乱の渦のなかで、こうした歴史的騒乱の苦悩のなかで、こうした革命的情熱の期待と失望の劇的干満のなかで、フランス社会のさまざまな階級は、彼らの評価の時期を以前は半世紀を単位として数えたものを、今では数週間を単位として数えなければならなかった」*原注〈19〉。

政治もまたその自分の場所と拡がりを持っている。一八四八年のマニフェスト以来、共産主義の幽霊はフランスとドイツに出没するだけでは収まらなかった。それはヨーロッパを徘徊した。

ドイツやイタリアの統一とともに民族の編成が進められるであろう大陸は、ましてフランス大革命以後では、あたかもかつてのゲルマニアにおけるローマ帝国か、三〇年戦争などの紛れもない作戦の舞台であるように見えた。

「フランス大革命全体が〔対仏―訳注〕大同盟による戦争によって支配され、あらゆる拍動がそれに従った[＊原注〈20〉]」

以来、戦争がヨーロッパの地政学上の空間を決定するが、マルクスとエンゲルスはシュレスヴィッヒ―ホルシュタイン戦争やクリミア戦争、イタリアのさまざまな紛争、一八六六年のプロシャ・オーストリア戦争が問題となる政治について大陸的規模で考察することを止めなかった。

「（ロシアの）トルコにたいする戦争は必然的にヨーロッパの戦争になるであろう[＊原注〈21〉]」とマルクスは一八五〇年以来予告していた。

エンゲルスについて言えば、彼は植民地的資本主義が地球的規模に拡大するのを目前にして、以下のことを人が知る時に、冷静にして明晰な驚くべき洞察力で将来の戦争について議論を拡げた。「プロシャ―ドイツによってそれは世界的な戦争以外のものにはなり得ない。それどころか、世界戦争は前代未聞の規模と激しさをもつものとなる。八〇〇万から一〇〇〇万の兵士が殺し合い、バッタの大群がかつてなく一国を根こそぎ丸裸にしてしまうようにヨーロッパのあらゆる物資の底を尽かせる。三ないし四年に凝縮された三〇年戦争の惨禍は大陸全体に及ぶであろう。飢饉、疫病と極貧が大衆同様に軍隊を野蛮に連れ戻す。商業、産業、通信における人間の筆舌に尽くしがたい混沌が全般的倒産に追い込むだろう。旧い国家はその伝統的な英知とともに崩壊し、一〇あまりの王冠は敷石の上を転がり落ち、誰一人としてそれを拾いあげてやろうとはしないであろう。これら全てがどう終わるのかは予想をつけることはできない。これこそ軍備の激化した構造が頂点に達した時に避けて通ることのできないその結果を生む際の見通しである」*原注(22)。

考察の続きはもっと議論の余地のあるものであるが、そこでは遂行的な予測が予測的な分析と解きほぐせないほどに入り組んでいる。

「諸侯と政治家の方々よ、諸君らの英知が旧いヨーロッパを追い詰めてしまったのである。そして、もし諸君らに最後の激しい戦争しか抜け道が残っていない時には――またそれにしか執着していない場合は――それについてあらためて言うことは何もないのです。

戦争は時には我々を後景に押しやるかもしれませんし、そして疑いもなく、我々が勝ちとった多くの地位を奪い取るかもしれません。だがもし諸君が、いったん解き放ったらもう制御できない力を解き放ったなら、事態は冷酷にもその運命をたどり、悲劇の最後には諸君らは破滅しており、プロレタリアートの勝利は完全におさめられているか、それとも最終的にはどうしても避けられなくなっているでしょう*原注(23)」

永続革命は一挙に、ヨーロッパ的な規模を有する。国の領土は揺れ動く戦場であり、全く別な拡がりを有する市民戦争の一部分となる。

ドイツ人、ハンガリー人、イタリア人が鎮圧されるまでの一九一八年から一九二三年の期間、ヨーロッパの革命家たちは、ボルシェヴィキをはじめとして、戦略上の空間について、ヨーロッパ規模での活動を構想していたのが事実なのである。

マルクスが『フランスの階級闘争』、一七九三年と一八四八年の教訓から引き出した結論はこうである。「フランスの新しい革命は一国の地を直ちに離れて、ヨーロッパの領域を獲得せざるを得なくなる。そこでのみ一九世紀の社会革命を達成できる」。

ハイネからエンゲルスまで、モーゼス・ヘス[*訳注(8)]の「三頭制」（TRIARCHIE）を経て、新しいブルジョア的秩序に対して反乱を起こした一世代丸ごとが、イギリス、フランス、ドイツがこの舞台で演じる駆け引きを探るのを中断することはなかった。「ライン河とポー河」の中でエンゲルスは早くも一八四九年には来るべき革命についての独自の弁証法的製図を入念に作った。というのは「ヨーロッパの地図が二度と揺るがないものであるとは誰にも確信できることではないであろう」からだ。

戦争と革命の弁証法的関係が雑作もなく書きこまれたのはこの大陸的視野のもとであった（このことはさらにまた二〇世紀の軍事問題のピエール・ナヴィユ[*訳注(9)]の考察にあますところなく影響を与えることになる）。

というのも、エンゲルスによれば、社会的所産が存在するのみならず、「自然国境」を巡る紛争が例証する、空間を巡る軍事的所産が存在するからである。

それはなによりもまず、参謀本部の創造の産物と言っていい。

「我々はいま、中央ヨーロッパの強国論者の唱える自然的国境論の帰結を検討してきた。ドイツがポー河にたいして持つのと同じ権利をフランスはライン河にたいして持っている」[*原注〈24〉]

ニースとサヴォワ地方をめぐるナポレオンⅢ世の裏取引は、それが「フランスの自然的国境論によって曖昧なところのひとつもない布告」を表し、その宣言が直接に彼らドイツ人の脅威となる点において直ちに彼らの関心を引いた（いつものことながらライン左岸のことだ！）[*原注〈25〉]。

エンゲルスによれば、地理は戦争をするのにおあつらえ向きであり、地形図はイタリアの平原にかんする論説の中で子細に例証したように、戦略的計算の本質的要素であることは明らかである。「これら単なる幾何学的関係が、なぜベルギーがドイツ北部とフランスの間で行われた全ての戦争の戦場でなければならなかったのかを説明している」。実際、ベルギーを通って領土に侵入した軍隊はライン河岸から引き返したフランス軍隊が救援に到達する前に、戦略上の決定的な標的であるパリに到達できるのであるから。

フランス人たちが彼らの「自然的国境」を自由にできたのはライン左岸占領の一七年間にすぎなかった。だからこそ彼らはパリを強化するのを止めなかったのである。しかし「フランスにとって最も危険な攻撃はつねにベルギー方面からやって来るのだ[*原注〈26〉]」。

ドイツの大部分の参謀本部とは異なり、マジノ線[*訳注〈10〉]を着想した知識豊かなブレインたちがエンゲルスを読んでいなかったことは確かである。

戦争とヨーロッパ革命の弁証法

近代の革命には市民戦争の論理がある。そこでは立役者と争点は不可避的に国境を越える。「パリの街頭で衝突した革命の隊列はライプチッヒの諸国民の戦い〔対ナポレオン一世―訳注〕に参加したそれと同じぐらいに重要視されている」。エンゲルスは（なんの誇張もなく）一八四八年六月の戦いにかんしてこう指摘した。彼は即座に階級間の市民戦争がいかに神学的性格を帯びるかということを把握していた。*原注〈27〉

ブルジョアジーにとっては、プロレタリアは、もはや古典的戦争におけるような普通の敵ではなく、野蛮人であり、絶対的悪の権化であり、人類にたいする脅威なのである。「ブルジョアジーは、労働者を打ち勝たねばならない通常の敵ではなく、絶滅させなければならない社会の敵なのだと宣言する*原注〈28〉」。

そのとおり、市民戦争には、聖戦の非情な論理がある。そこでは支配階級が人間性、文明、人類そのものの独占権を奪い取っている。これはそれ以来ロシアの、ドイツの、スペインの、チリの市民戦争を経て、何度も証明されてきたことである。このようにしてナポレオン一世は「強盗的」フランスの占領に対して反乱を起こしたスペインのゲリラ軍の支持者たちを敵と見做し、彼らを侮蔑した。

このやりかたは今日ジョージ・ウォーカー・ブッシュが悪の枢軸とROGUE STATES（ならず者国家）を人類から爪弾きにしてその結果、戦争を警察の手入れに変えるやり方と同じである。

マルクスとエンゲルスにとっては、一八四八年の革命以来、ドイツにおいては「労働者階級の視点からは長続きのするブルジョア権力を樹立するのに貢献するには、事はすでに遅すぎたのである」。なぜなら二つの階級間の闘争は「ブルジョアジーが一方的な思惑で政治権力を手に入れた以前でさえ既に始められていた」のだ。だからドイツにおける階級闘争の内的力学は戦争という手段を通じて表に出たのである。

サドヴァの戦いでプロシャがオーストリアに勝利した後、一八七〇年のプロシャ―フランス戦争は当初はドイツの統一に、そしてその結果ドイツのプロレタリアートの統合化に、そしてさらにその先にある狭い視野の偏った範疇の中にプロレタリアートを閉じ込めていた小国家と公国による細分化を助長したのである。

だからマルクスは初めのうちはドイツ人が防衛的である限りは国民的な運動に参加することを強く勧めた。しかし彼は前もって、起こり得るアルザスとロレーヌの併合については非難をしていた。その理由は抽象的に原理的なものではなかった。彼は断定的なことと具体的状況の諸矛盾を考慮に入れていたのだ。もし分割されているドイツが負けなければならないとしたら、その時はボナパルティズムが長期にわたって強化されることになり、「ドイツは幾世代にもわたって立ち上がれなくなってしまうだろう」ということだった。

それゆえにフランスのショーヴィニズムには教訓を課さねばならない。なぜならもしドイツが勝ちを占めたら罰を受けるのはボナパルティズムであり、その時は「ドイツの労働者はドイツの規模で編成準備にとりかかれることになるだろう」からである。

マルクスとエンゲルスによって共有されたこの視点は彼らのドイツ問題にたいする歴史的理解から生じている。「帝国貴族の支持なしに宗教改革の哲学的形式のもとに革命を行った」ドイツのブルジョアジーは、彼らよりもずっと強力に階級の利益をあげたオランダ人の主導権に反対することはできなかったのである。彼らは封建制の只中で、ある種の階級の（de stand）国家として留まっていた。

ドイツにおける最初のブルジョアジーの大きな革命の挫折と、引き続く国の分裂が、フランス大革命の前夜にドイツを「朽ちかけた状態」に導き、革命のショックの波を再び活気づかせることとなったのだ。

ロシアの専制政治がドナウ河とヴィスワ河に対して主導権を握るために、レナニ〔ライン左岸のラインラント――訳注〕は、戦争によって絶えず荒廃させられる運命しか取れなかったのかもしれないということが判るや否や問題が生じた。だからエンゲルスはフランス―プロシャ戦争の前夜に、中立主義とはほど遠く好戦的口調で（彼は伊達に「将軍」の異名をとっていたのではない）、ドイツはライン左岸にかんするフランスの要求に対して、またポーランドをめぐるロシアの「キャベツの大食い（強盗）」の狙いに対して「剣を手にして」応ずることを望んだのである。早くも一八六〇年に彼は「サヴォワ、ニースとライン河」に関する匿名の小冊子の中でその事情から、ロシアの農奴という一盟友をあてにしていることを述べている。と言うのも「ロシアでは農村で支配階級と被抑圧階級との戦いが始まったばかり」だったのだから。

一八七〇年にとうとう戦争が勃発したときに彼は繰り返し言う。

「ドイツは国家憲法のためにバダンゲ〔ナポレオンⅢ世の仇名—訳注〕によって一つの戦争に引き込まれた」

しかし同じ頃マルクスはブラウンシュヴァイクの委員会の彼の通信員たちにあてて書簡を書く。*訳注(11)

「ある人たちは、フランスからアルザスとロレーヌを引き離そうと望んでいる」、そういう事情なら「我々は併合に反対」する。そのことはすぐに実証された。

一八七〇年六月一〇日の手紙でエンゲルスはもう憤慨しかねない状態であった。

「ドイツでは現在一種の熱狂のようなものを目の当たりにしている。人は至るところで執拗にアルザスとロレーヌが自分たちのものであると主張しているのだ」

そこで進歩主義者たちと評価されたドイツ国民の利害と、王朝とプロイセンの利害とを絶えず識別することが重要となってくる。ビスマルクの軍隊の役割はパリ攻囲の時は一〇〇パーセント反動的なものであったし、パリのプロレタリアートの愛国的な抵抗を無条件に支持することは当然であった。

「我々に宣戦するのはフランスの人たちなのか？　否！　それはナポレオンだ」。

プロシャによって主導された戦争が防衛的なものから占領と併合のための攻撃的なものに性格を変えた時、ドイツ国民の利益でもあり義務でもあったことはフランス共和国の名誉ある平和を認めさせることであった。

なぜならナポレオン帝制の崩壊とともに「情勢は突然にも新しい展開をみせたのだ。つまりフランス共和国万歳！　という進展である」*原注〈29〉。

この国民的戦争の、征服と膨張のための戦争への転換は「事実それは、若返ったドイツを西部ポーランド、アルザスとロレーヌを確保するためには必要だとみなされていたドイツ独裁政治をして、若返ったドイツに軍事的専制を恒久化する最も確実な手段であった。それは、フランスが失った領土を権利として要求できると自らが思えるまでの期間、来たるべき平和をたんなる休戦に変えてしまう最も間違いのないやり方」だった。それはまた、フランスとドイツを相互に破滅させ、そして罵り合わせるための最も確実な方法であった。

マルクスは早くも一八七〇年九月二日のそのエンゲルスへの手紙のなかで、ライバルたちのナショナリズムの力強い高まりが潜在的にとてつもなく増長しつつあった二〇世紀の二つの大戦争の悲劇を予感するほどまでに、はっきりと遥か先でさえも見通していた。

同じ手紙の中で彼の予見はさらに遠くを見据える。

「誰しもが目下の喧騒に完全に茫然自失してはいなく、あるいはドイツの人民を道に迷わせることが得策だとは思いもせず、一八七〇年の戦争が一八六六年の戦争〔プロシャ―オーストリア戦争―訳注〕から必然的に起きたと同じように、ドイツとロシアの戦争が一八七〇年の戦争から必ずや起きるにちがいないことを理解することになるだろう。私の言うのは、それ以前にロシアに革命がさく裂するという、およそありそうもない場合を除けば、それは必然的であり、不可避的である、ということである。このようなありそうもない場合が生じないかぎり、ドイツとロシアの戦争は現在すでにひとつの既成事実と考えられなければならない」

この予言が実現されるためには約四〇年以上の時はまず必要とはしなかった。ドイツ―ロシア戦争は一九〇五年のロシア革命の発生にもかかわらずまさしく起きた。

しかし戦争を阻止することはできなかった代わりに、革命はその残骸の中から生まれ出た。それが三〇年間にわたる「ヨーロッパ型市民戦争」へとつながって行くのである。＊原注(30)

約二〇年後（一八九一年に）エンゲルスはマルクスの『フランスにおける市民戦争』のドイツ語版第三版への序文で、自分の意見としてこの予見をくりかえした。

そこでは二〇世紀の悲劇が彼の恐るべき明晰性をしめしている。

「アルザス―ロレーヌの（ドイツへの）併合は、〝フランスをロシアの傘下に入れる〟ことになるだろう。またこの併合の後にはドイツはロシアの札付きの奴僕とならねばならないか、それとも短い休息ののちに新しい戦争、それも〝スラヴ・ラテン両人種の連合にたいする人種戦争〟の準備をしなければならないかのどちらかであろう、という予言〔フランス―プロイセン戦争についての第二の呼びかけ―訳注〕は文字どおり実証されはしなかったか？　フランスのこの二州を併合したことはフランスをロシアの傘下に追いやりはしなかったか。そして我々の頭上には、今なお戦争のダモクレスの剣が来る日も来る日もぶら下がっているのが見えはしないだろうか？　しかもその戦争というのは、それが起こったその日のうちに契約されていた全ての君主同盟が跡形もなく消えてゆくであろうし、その抜け道が絶対的な不安定をもたらす以外には何一つとして確かでない戦争なのである。それは全ヨーロッパを一五〇〇万から二〇〇〇〇万の武装した人間の蹂躙にまかせる人種戦争なのである」

人種間戦争！

パリ・コミューンの革命が戦争から生まれたのと全く同様に、第一次世界大戦から一〇月革命が、第二次大戦からは中国の、ギリシャの、ヴェトナムの、ユーゴスラヴィアの革命が生まれた。しかしなんという代価か！　ますます増していく戦慄すべき瓦礫と死骸の堆積の上で、その重さが生命と生者の脳の上にますます圧しかかってくるのである。

解放の夢が悪夢に変わるほどにである。

〈原注〉

〈1〉　マルクス『ブリュメール一八日』

〈2〉　マルクスのそれに極めて近いこの言い回しにおいて、ブランキは一八四九年ブールジェでの裁判所の判事たちを前にして憲法制定議会選挙を延期することを臨時政府に要求するために組織された一八四八年三月一七日のデモについて弁明した。

「もし選挙が革命の直後に行われたら、人々は墜ちた体制の観念に従って投票しようという結果になるだろう。今や裁こうとしている人民の裁判を前にして、我々は敵が持っていた言葉を今度は我々が持つ必要がある。だからそのためには時間が必要であったのだ」

時間だって！　ではどのくらい？　人民の習得と教育のために必要な程度の時間だ。

「人民は知らない。しかし知らねばならない。それは一日や一カ月の仕事ではない。もし選挙が実施されるならそれは反動的なものとなろう。人民を共和国に誕生せしめよ」時間が必要だった……しかし革命は時間を惜しむ。

〈3〉エンゲルスの「一八八七年六月二〇日のカウツキーへの手紙」および『フランスにおける市民戦争』の再版への一八八二年の序文。

エンゲルスは、とりわけ『ドイツ農民戦争』と「ドイツにおける革命と反革命」の中で、「もうたくさんだ」と「まだ足りない」との弁証法を幾度にもわたって展開していた。

〈4〉マルクス『フランスの階級闘争』P18、P22

〈5〉同 P41

〈6〉ミシュレ『民衆』〔Le Peuple〕以下を引用。

一八三二年にブランキは彼の「人民の仲間社会への報告」〔Rapport a la Societe des Amis du peuple〕の中で宣言していた。

「国民を構成する諸階級の間に死に物狂いの戦争があることは隠すべきではない」（ブランキ『武器が必要だ』〔Il faut des armes〕パリ、ラ・ファブリック社〔La fabrique〕P80 2007）

〈7〉ミシュレ『フランス革命の歴史』〔Histoire de la Revolution française〕ロベール・ラフォン出版〔Robert Laffont〕第二巻 P474 1979

〈8〉マルクス『ブリュメール一八日』P231

〈9〉同 P120

〈10〉マルクス『フランスの階級闘争』P77

〈11〉マルクス『ブリュメール一八日』P185、P291

〈12〉ブランキ 同 P176

〈13〉　一八四八年一一月二八日　勾留されていたヴァンセンヌの主塔からブランキによって発せられた呼びかけ。〔ブランキの『革命をめぐる著作集』〔Ecrits sur la Revolution〕パリ、ガリレ社〔Galilee〕1977〕
〈14〉　マルクス『フランスにおける市民戦争』P40
〈15〉　マルクス『フランスの階級闘争』P122
ヴァルター・ベンジャミンは、彼の「歴史の概念についての一二番目のテーゼ」〔douezième These sur le concept d'histoire〕の中で、「そのとどろかすような語調が一九世紀を揺るがしていたブランキという名前を三〇年間にわたって殆んど抹消するまでに至った」。ドイツ社会民主主義をおうむ返しに非難することになるのである。
〈16〉　一八八九年二月二〇日のカウツキーへの手紙
〈17〉　エンゲルス「ライン新聞」〔Rheinische Zeitung〕一八四二年一二月九日
同様に、最近の湾岸戦争においては、石油が物質的利益として役割を演じたことはみじんも疑いの余地がないとしても、「それのみで」戦略地政学的な、イデオロギー的な全ての決定を下したわけではない。
〈18〉　マルクス「ニューヨーク・デイリートリビューン」〔New York Dairy Tribune〕一八五七年六月
〈19〉　マルクス『フランスの階級闘争』P81
〈20〉　エンゲルス「ペル・メル・ガゼット」〔Pall Mall Gazette〕一八七〇年一二月九日
〈21〉「新ライン新聞」〔Neue Rheinische Zeitung〕一八五〇年　二月二日
ちなみにこのことは、当時トルコとロシアは明らかにヨーロッパの地政学に属していたことを我々に想起させる。
〈22〉　エンゲルス「ゾチアール・デモクラート」〔le Socialedemokrat〕一八八八年一月一五日

〈23〉 エンゲルス「戦況時評にあるポー河とライン河」〔Le Po et le Rhin in Ecrits militaires〕
〈24〉 同　自然国境の概念の起源と役割についてのこの警告は、今日でもヨーロッパの発見不能な「自然国境」に関して、北海、バルト海、ピレネー山脈などより、より自然な国境として、ひとつの橋によって跨がれたボスフォラス海峡を今日認識している者たちに深く考えさせるに違いない。
〈25〉 エンゲルス「サヴォワ、ニースとライン河」〔La Savoie, Nice et Rhin〕
〈26〉 同
〈27〉 エンゲルス「新ライン新聞」一八四八年六月二八日
〈28〉 同
〈29〉 マルクス「ブルンスヴィック委員会への手紙」〔lettre au comite de Brunswick〕一八七〇年八―九月。戦況時評にある。
〈30〉 参照　エンツォ・トラヴェルソ〔Enzo Traverso〕『炎へ、そして流血へ　一九一四―一九四五のヨーロッパの市民戦争から』〔Par le fer et le feu. De la guerre civile europeenne 1941-1945〕パリ　ストック社〔Stock〕2007

〔訳注〕

（1） 一八四八年の憲法制定議会選挙　一八四八年二月革命の臨時政府は共和制を宣言し、普通選挙（二一才以上の全フランス国民に）を政令で定め、憲法制定議会選挙を開くための選挙を実施した。（四月二三日選挙、五月四日開会、一一月一二日新憲法―第二共和国憲法を制定）ブランキはこの選挙を革命の敗北とうけとり選挙の延期を要求した。全フランスで行われたこの選挙は予想どおりブルジョア共和派の圧勝（九〇〇名の議員中、ナショナル派五〇〇、王党派三〇〇、改革派は一〇〇に満たずブランキらも落選した）。

（2）　フランス大革命におけるコミューン　一七九二年八月一〇日、パリのサンキュロットと全国の愛国者の代表ともいうべき連盟兵とはいっせいに蜂起し、パリ市庁に〈蜂起コミューン〉を設けるとともに、テュイルリ宮の王宮を襲撃した。王は議会に避難したが、議会は王権の停止を宣言し、また新憲法起草のために普通選挙による国民公会を招集することを決定した。
危機に際して、ジロンド派はなんら有効な政治指導をなすこともできず、かえって、山岳派を中心とする祖国防衛と革命遂行への努力を阻害するようになった。そこで一七九三年五月三一日から六月二日にかけてパリの民衆は蜂起し、国民衛兵の力を借りて国民公会からジロンド派議員を追放した（一七九三年のコミューン）。（井上幸治編『フランス史』）
なおバブーフ（１７６０―１７９７）は大革命の中で私有財産の否定など平等主義を唱えた。時の総裁政府転覆の陰謀事件が発覚して彼が逮捕されたのは一七九六年五月一〇日である。

（3）　ローザ・ルクセンブルグ（１８７１―１９１９）　ポーランド生まれ。ポーランド社会民主党を経て一八九八年ドイツ移住後、ドイツ社会民主党入党。ベルンシュタインの修正主義を批判し理論家として名声を博す。第一次世界大戦とドイツ帝国の崩壊、ロシア革命の影響のもとに一九一八年一月ストを契機としたレーテ評議会に始まるドイツ革命（―一九二三年）に参加。ドイツ独立社会民主党から分かれてスパルタクス団を経て。一九一八年末にリープクネヒトらとドイツ共産党を結成。一九一九年一月一五日彼とともにドイツ社会民主党政権のもと虐殺された。
カール・リープクネヒト（１８７１―１９１５）　ライプチッヒ生まれ。ドイツ社会民主党最左翼として反戦演説を行い逮捕された。一九一二年帝国議会議員となる。一九一四年軍事公債にただひとり反対投票を行った。一九一六年ローザらとスパルクタス団を結成、共に機関紙「ローテ・ファーネ」で論陣を張る。一九一八年一一月ベルリン王宮で社会主義共和国宣言を発した。

（4）　ジュール・ミシュレ（１７９８―１８７４）　フランス歴史文学の傑作とされる『フランス革命史』

を著した歴史家。第二帝政下で職を追われパリ・コミューンにも共鳴した。

（5） サンキュロット　フランス大革命時に貴族の象徴であるキュロット（半ズボン）をはかず長ズボンをはいていた者の意。革命的下層市民をさす。

（6） ルイ・オーギュスト・ブランキ（1805―1881）　フランスの革命家。少数精鋭の秘密結社による権力の奪取で平等社会を実現することを主張し、七月革命以前からパリ・コミューンにいたるまでのフランスに起きた殆ど全ての革命活動に参加し、獄中生活は合計三三年間にわたった。その思想はバブーフから影響を受け、バクーニンに引き継がれた。

（7） 永続革命論　マルクス、エンゲルスによってこう呼ばれた理論は一八五〇年三月の「中央委員会の同盟員への呼びかけ」のなかで定式化されたが、この思想は三つの内容を含んでいる。第一は、小ブルジョワジー的民主主義者と共同したブルジョアジー的改良にとどまらずにプロレタリアートの主導権をうちたて、プロレタリアートによる国家権力の獲得、すなわち社会主義革命の勝利にまで一国の革命を永続させることである。第二は、一国で国家権力を掌握したプロレタリアートの勝利を、全世界のすべての主要国での国家権力の掌握にまで発展させることをめざして、革命を永続させることである。第三は、主要国での社会主義革命の勝利を、決定的な生産力がプロレタリアートの手に集中されるまで、すなわちこれら主要国での社会主義建設の勝利まで永続させることである（上田耕一郎氏の整理、『上田耕一郎著作集』第三巻）。このマルクス、エンゲルスの思想は帝国主義段階でレーニン、トロツキーに継承されたが、とりわけトロツキーによって唱道され、一九三〇年の『永続革命論』によってその理論は彫琢された。上田氏の著書と、トロツキー『永続革命論』（森田成也訳）を参照のこと。

（8） モーゼス・ヘス（1812―1875）　ユダヤ人家族の一員としてボンに生まれる。独学で学び一八四一年にマルクスと知り合う。ドイツの政論家「ライン新聞」の共同創立者で「独仏年誌」の企画にも参加。理論的に初期のマルクスに影響を与えたとされる「真正社会主義者」。処女作『人類の聖史』に続く『ヨーロッパ三頭制』がここで言うTRIARCHIE（三頭制）の語源と思われる。

（9）ピエール・ナヴィユ　一九〇三年、パリ生まれ。文学、社会主義理論家。シュールレアリズム運動に専心していたが、後に離れてトロツキー派に属す。著作に『超現実の時代』『生けるトロツキー』などがある。

（10）マジノ線　一九三六年巨費を投じてフランス・ドイツ国境のフランス側に構築された長大な複合要塞。

（11）ブラウンシュヴァイク委員会あての書簡　一八七〇年八月二二日から三〇日のあいだに執筆されたこの書簡はドイツ社会民主労働党あてに出した同委員会の委員たちに宛てた回答である。彼らはリープクネヒトおよびベーベルと打ち合わせたうえで、マルクスに、フランス―プロシャ戦争にドイツプロレタリアートはどういう態度をとるきかを説明して欲しいと要請したのである。マルクスとエンゲルスはこうも言っている。もしドイツがフランスと名誉ある講和を結ぶならば、かの戦争はヨーロッパをモスクワ人の独裁から解放し、プロイセンをドイツに解消させ、西方大陸に平和的発展を許し、究極的には、このようは外部からの衝撃さえあればその素因が発展しうるロシア社会革命の勃発を助け、したがってまたロシア国民に利益を与えるであろうと（マルクス＝エンゲルス全集　第一七巻P250）。

II　コミューン、国家と革命

官僚主義的新リヴァイアサン

『フランスの階級闘争』から『フランスにおける市民戦争』（一八五〇―一八七一年）までには上昇、衰退、第二帝政の崩壊の一連の過程のすべてがある。マクシミリアン・ルーベルが明らかにしたようにこの過程はボナパルティズムという近代の奇妙な政治的現象を考察する材料をマルクスに提供した。そしてそれを通して国家と市民社会の関係について再考を促した。*原注〈1〉そこから学びとった重要な教訓は、労働者階級は「国家機構を彼ら自らの責任で機能させるためには、それをもとのままで使用することに甘んじることはできない」〔『フランスにおける市民戦争』第二草稿―訳注〕ということである。

これが、第二インタナショナルの幹部たちが急いで葬り去り、ブハーリンが世界大戦の初めの数ヶ月間に掘り出すことになった教訓である。*原注〈2〉

それはまことに驚くべき（再）発見であって、レーニンですら最初は熱血漢ニコライの勝手な気紛れをそこに見、ほとんど憤慨した程であった。それは彼の『国家と革命』において検証した後、再びその筋道をたぐりよせる以前のことである。

なるほどマルクスは確かに書いた。「ついに発見された解放の政治形態」であるコミューンのもとで、国家権力は「廃絶」されていたのだと。『フランスにおける市民戦争』において概要を示すその表現方法は『ブリュメール一八日』以降、発展させられ補強させられてきたものである。中央集権化された国家装置の軍事的官僚的機構は「王蛇のように市民社会の生きた体を締めつける」。

この装置は封建社会と種々の無秩序状態の残骸の上に建てられ、その歴史的役割を満たしたそののちには「市民社会に移植された肉瘤に転化」した。*原注(3)

そのように近代階級闘争の形が整うにつれて「国家権力の顔つきと性格は驚くほどの変化を蒙ったの」である。その抑圧的な機能は「発展することを止めなかった」。

パリ・コミューンの灼熱の炎に照らされて、一八四三年のクロイツナッハ手稿*訳注(1)で口火を切られた官僚制度に対する容赦ない批判はこのようにして再燃したが、その後は休耕地に追いやられるか時事的な記事でぱらぱらと取り上げられるにすぎなかった。

旧体制の同業組合の精神は生き延びていた、と若きマルクスは書いていた。国家と市民社会の分離がもたらす所産として官僚制度の中にと。

「社会の内部で同業組合を生み出し、国家の中で官僚制度を生み出す同じ精神……官僚制度は市民社会における国家の形式主義である」。それは「同業組合の中で具現化された国家の意識であり、国家の意志であり、国家の権力であり、独特の社会を形成しながら、国家の内部に閉じこめられている」。それは「現実的幻想の組織以外のものではあり得ないだろうし、それは〝国家の幻想〟でさえある」。そして官僚制の精神は「ぴんからきりまでイェズス会流の神学の精神である。官僚たちは国家の偽善者であり国家の神学者である。つまり官僚制は聖職じみた共和制である」のだ。[*原注(4)]

私用にかまけた官僚の場合には、国家目的は彼個人の目的となり、より高い地位の奪い合いとなる。それは出世主義である。官僚制の廃止は「仮に普遍的利益が実際に（effectivement）——そしてヘーゲルの言う思想においてではなく、抽象概念において——個々の利益になるのであればということでしかあり得ない。そしてこのことは仮に個々の利益が現実的に普遍的利益になるのならば、ということからしか着想できないものなの」である。

ついに発見された解放の形態であるパリ・コミューンはマルクスの目には的確にも、官僚制国家の行為への批判、実際に（effectivement）普遍的利益となった個々の利益として映った。

コミューンがとった最大の政策が何においてかと言えば、それは純理論派[*訳注(2)]的提案でも、人工的な楽園の発見でも、フーリエ[*訳注(3)]のファランステール（PHALANSTÈRE）あるいはイカリア島（Icaria）の設立でもなかった。それはコミューンの「そのものの存在（SA PROPRE EXISTENCE）」であり、そこにふくまれる限界と矛盾をも指しているのであった。

したがってコミューンは「帝制の正反対物」であり、さらにまた一八三〇年の栄光の三日間と一八四八年六日の流血の戦いの以後漠然たる憧れであった「社会的共和制の現実的形態」であった。

それは「国家の常備軍と官僚主義」という二つの最大の支出形態を廃止したおかげで「安上がりの政府」となった。マルクスは無政府主義的口調で追求した。

「それは国家そのものに対する革命である。社会の超自然的な早産児は、人民の手によって、また自分自身の社会生活をもつ人々のために国家を繋ぎとめたのである」

それは支配階級の恐るべき機構を打ち砕く革命である。換言すれば「国家の算奪にとどめを刺す形態」として、「第二帝政の決定的な否定」であり、それゆえに「一九世紀の社会革命の幕開け」であり、同時に「労働の解放の開始」である[*原注(5)]。

市民戦争の全体を通して進展していった、帝政とコミューンの二律背反関係は、もし人がその頭のなかに理論上の暗中模索と、宙ぶらりんのままの問題を気に留めている場合にしか明らかにならなかった。

マルクスは『ブリュメール一八日』ですでに「社会のすべての毛穴をふさぐ恐ろしい寄生体」と指摘しているが、フランス大革命を経つつも絶対君主制から第一帝政までの間、それを増大することを止めなかった。ナポレオン一世は「国家の機構」を「各人に共通の利益がたちまち社会の利益と切り離され、より高い利益として社会に対置させる」程までに完成させた[*原注(6)]。

全ての革命はその後、この機構を打ち砕いたり、「人を息苦しくさせる悪夢を払いのける」かわりに、それを完成させることに一役かった。それでも中央集権化はある範囲で、ある程度までは進歩派の役割を演ずることができた。だから第一帝政下では「官僚制はブルジョアジーの階級支配を準備する手段」でしかなかった。

しかし第二帝政下では国家は社会から自らを独立させ、「社会を征服したもの」のように見える。回顧的に見ると官僚制は「さらにその反対勢力の形をとった中央集権化の下等で獣的な形態――封建制」のように思われるのである。

しかしながら、マルクスが一八五〇年から一八五二年にかけて、そこに居合わせたと確信した産業資本主義の到来は、彼の見解と一致して投機的で寄生的な商業資本主義に打撃を与えつつも、彼の見解と一致して同業組合的なこの旧い官僚主義の滅亡を告げたのではなく、近代的官僚制への、言い換えれば支配主や死刑執行人の官僚体制、一種の産業封建制への転換を告げたのである。

ボナパルティズムの謎

ボナパルティズムの謎を解明する試みは、官僚制の問題点と、市民社会にたいする国家の問題含みの関係と不可分である。最初のブリュメール一八日のグロテスクな模造品の彼方にだんだんと正体を現わしたボナパルティズムは古代のカエサル主義の復活としてでも、アンシャンレジームの封建制の官僚制の残存物としてでもなく、適切なる形として、さらには「ブルジョアジーが国民を統治する能力をすでに失っており、そして労働者階級がまだそれを獲得していないような時期におけるただ一つの可能な政治形態として」だんだんと姿を現したのだ。

ブルジョアジーはそういったわけで、その権能を見せかけの一般的利益を具体化する機構に委任することを強制されたのである。つまりは、「帝政とは、その議会を愚弄しながら現在大陸の大部分の大軍事国家で栄えている体制」なのである。一見したところ「社会にたいする政府組織体のこの篡奪的な独裁はすべての階級を等しく屈従させているように見える」が、事実は「横領者階級がひきつづき生産者階級を支配下のもとに置いておくことができるための唯一可能な国家形態になっていた」のだ。*原注(7)

一二月二日のクーデターを通じて、マルクスは普通選挙における大統領選出は「一種の神聖な権利」をその選出される人に授与する共和制的塗油式と、その選挙が彼に仕えるであろうと見做される階級に関する自律権(L'AUTONOMIE)を構成していることをはっきりと把握していたのだ。なぜなら普通選挙は「人民の恩恵」によってなされるものであり、また同時に国家とともに「個人的権威」を維持するものだったからである。

しかし投票の魔術によって階級間の矛盾の上に高く掲げられたかのように見えるその顔の裏に、支配機構はそのままの姿で皇帝親衛隊の体制をとり続けていたのである。

そこでは一二月一〇日会という非公式警察と軍隊(市民社会とは二律背反でありながら国家を代表すべき)が二本の柱を成していた。そこでマルクスは大統領制にたいする急進共和主義者の批判を彼の責任のもとに再燃させることのみであった。

「大統領が国家の首領という肩書を纏わされた共和制は共和制ではない。それは王制である！……人民の投票で絶対多数によって命名された大統領は強大な力をもち、ほぼそれを覆すことはできないだろう。そのような選挙はランスの聖油や聖ルイの血よりはるかにずっと神聖なものである。このように大統領職を公認された人間は、もし野心家であっても、神を、まして人間を、そして遂には大統領を試すことがあってはならないのであるがこの大統領は議会に向かってこう言ってのけるであろう。

〝私は諸君、各人より優れた人間である。諸君全員と同じくらいか、それ以上の人物なのだ。諸君たちはそれぞれ各地方で選出された人間にすぎない。それに対して私は全ての国民が私一人だけに委ねている。諸君全ての票を合わせても私の票より少ない。私には六〇〇万人の投票数が寄せられているのだ。私はたった一人で議会全体以上の価値がある。だから私はより適して国民を代表していると言えよう。私の方が諸君たちよりも最高権力を有しているのだ。〟

もしこの人物が議会より権力を有しているとするなら、あなたがた人民の問いに対してその成し遂げられる行為によって答えるのは選出された王であると言えるだろう。そしてつまるところ、この人物が望めばあなたがた抜きで国を治め、またあなたがたに対して牙を剥くこともありうるのだ」

この数行の作者であるフェリックス・ピア*訳注(4)は一八四八年の憲法制定議会の代議士であり国外避難から帰った後、パリのコミューンで第一〇区の代表に任命されたのであるが、彼は諸々の国家機構の、この君主制的偏向からくる予測しうる副次的な影響についてもまた告発した。

（伯父のクーデターに倣ってまるで「ブリュメール一八日」の）一二月二日の一撃で自らを皇帝に宣告させる前にルイ・ボナパルトがそうであったような、普通選挙で選ばれた大統領は「全てのその欠点を携えながら、暫定的であるがゆえに不動ではなく、野心を燃やし主張を次々と提示する」一種の王である。

「代議士はすべて大臣になりたがり、あらゆる大臣は大統領に、最も強力な王になりたがる。なぜなら彼は選出されたのだから……王制時代の名残りは、公式晩餐会、舞踏会の儀法や支払い命令制度を廃止しなかった大統領制のしきたりの中で存続している」

フランスの第五共和制にあるこのような背徳的体制がもたらした結果に面と向かっているこの驚くべき現状については敢えて言う必要はない。フェリックス・ピアは大統領的君主制に対して論理的に彼の非難文書を結ぶ。

「君主制か、コミューンか！　我々がコミューンを望むとすればそれは大統領制以上のものを望むからだ！」*原注〈8〉。階級支配の破乱や変動とはかけはなれて、エンゲルスによればボナパルティズムはそれ以降、「労働者階級が制圧されている国における必然的な形態」として現れている。

ビスマルク主義はそのドイツ版である。それは労働者と資本家にたいして「彼らが互いに争うことに邪魔立てをする」事実によって特徴づけられる*原注〈9〉。

それは見かけ英雄的な戦争によって国民的自尊心を助長する。それは実に「直接的統治のために成された」のではない。「近代ブルジョアジーの真の信仰」なのである。

いくつかの観点からすればブルジョアジーにはさらにやりがいのある手段がある。彼らと幾重ものつながりを持ってつながりつつ、まさに公衆の見地は失って、彼らの私的な紛争に自分らに忠実な審判を下すという彼らにとって有利な錯覚を与えてくれることの可能な忠義心に厚い官僚たちに任務を一任することができる。そして彼らは料理が回ってくるときにはたっぷりと舌づつみを打つことを忘れはしないのだ。このようにして「ボナパルティストの半独裁政権」はブルジョア支配の「フォーマルな形式」であることを自分自身に認識していた。

さらに言えばそれは「ブルジョアジーが支配力をすでに失い、労働者階級が支配する能力をまだ獲得していない時期における可能な唯一の政府の形態」なのである*原注〈10〉。

ブルジョアジーはもうだめであり、プロレタリアートはまだだめだ、なのである。

その時にボナパルティズムは火中の栗を拾った。漁夫の利を占めた泥棒のように立ち上がった。そして打ちのめされたコミューンは、狂気の瀬戸際にあるブランキを引き連れて、テルミドールのギロチンの刃か、ヴェルサイユの一斉射撃の下に終わることを運命づけられた早すぎも遅すぎもした諸革命を繰り返す悲劇の新しい例証として我々の前に登場したのである。

だからボナパルティズムは近代国家のなかでは例外的な国家の偏向した卑屈な形態なのである。議会的共和制下では、国家権力は布告された市民戦争の時期、言いかえれば発作的で例外的な状況の時にしか、「市民戦争の公認の道具*原注〈11〉」として行使され得ることはなかった。しかしそれは「社会の正常な政治形態としては許しがたいままに残る」だろう。それは「中産階級の大多数にとって耐えがたいものでさえ」あった[＊原注〈12〉]。

ボナパルティズムの体制はそのかわりに慣れの効果を誘発した。例外はごくありふれたものになり、規則となる傾向にあった。だからボナパルティズム「現代におけるすくなくともヨーロッパ大陸の上にのしかかった階級支配としての国家権力」は、振り返ってみると、二〇世紀の並みはずれた体制〔ファシズム―訳注〕の実験場として現れていたのである。

国家の廃絶と衰退

さて国家権力は「もはや廃絶された」とマルクスは自由なコミューンの六週間に関して書いた。廃絶？　この言葉は力強い。それはプルードンかバクーニンに対して政論で反論しているかのようだ。その政論の中でマルクスは賃労働や国家が自らに宣告できるような廃絶という考えに反対しているのである。

むしろ労働の時間短縮、所有権関係の移転、労働組織などの抜本的な変更などの諸条件を集結することから始めるべき過程が問題なのである。

そこから「EXTINCTION」〈根絶〉とか「DÉPÉRISSEMENT」〈衰退〉は、「永続革命」式に、行為と過程の間のつながりを強調し、世界の革命的変化における動きと時間性を問題にする。＊原注〈13〉『フランスにおける市民戦争』の第二草稿では「ABOLITION」〈廃絶〉という語によって人が理解することに強い意味合いを込めている。

「帝政の正反対物」としてのコミューンは「全ての市民によって選挙で選ばれた責任のある、かつ、いつでも解任できる市の代議員で構成」されなければならなかった。それは「議会ふうの機関ではなくて、同時に行政をし、立法する行動的機関」でなければならなかった。コミューンの役員と正式メンバーは「労働者なみの賃金で彼らの仕事を果たさねば」ならなかった。

「一言で言えば、あらゆる公的機能は、たとえそれが中央政府の所管であったであろう稀な機能でさえもコミューンの役員たちのよって引き継がれ、つまりはコミューンの指揮のもとに置かれるはずであった。ことのほか中央の諸機能――人民の上に立つ政府権力のそれではなく、国全体の通常の必要性によって当然のごとく存する諸機能――がもはや保証され得ないであろうということは不条理であると言えよう。これらの機能は存続するはずであったであろうが、役員たち自身は旧い政府機構の場合のように現実の社会の上に立つことはもはやできなかったのだ。というのはこれらの機能はコミューンの吏員によって引き継がれ、したがってまさにひとつの支配下に置かれるはずであった。公的機能は私的所有権力であることをやめるはずであったのである」＊原注〈14〉

だから社会的自主管理のもとに、さらに言えば単純な「物事の管理」のもとにあらゆる機能を吸収するというような国家の消滅が問題なのではない。

「中央の諸機能」のある人たちはちゃんと継続して存在するが、それは人民の監督のもとに公的吏員としてなのである。だから国家の消滅は政治の消滅や、合理的で簡素な管理下での根絶を意味しない。それが意味するものはむしろ国事についての絶えざる議論によって機構の脱官僚化や配置をめぐる政治的争論の領域を拡張することなのである。

このような説明のためにはエンゲルスの一八九一年の序文の議論を見ると良い。

彼はそこでこう書いている。プロレタリアートは「新しい自由な社会状態のもとで成長してきた一世代が国家のがらくたをすっかり投げ捨ててしまえる」状態になるまで国家の最悪の側面を「切り落とす」ことを我慢できるであろう。*原注〈15〉だから国家の廃棄を宣言したり、布告することでなく、官僚制のがらくたを免れ得る諸条件を結合することが大切なのである。権力の獲得は、過程の最初の口火を切るというこういう見地からの第一歩に他ならず、結論ではない。それがインタナショナルの叙事詩のなかで再開されたプロレタリア革命の悲劇的難問のひとつの帰結である。何もないところからどうやって全てとなるのか？

確かに、プロレタリアは何物でもないことはない。

彼らは彼ら自らの経験そのものであり、彼らの戦いの記憶であり、文化と知識である。

そして「全てとなる」ことが彼らにふさわしい野心であるとは断定できないのだ。

第三身分に関してのスローガンをそこから生み出したシエイエス神父*訳注〈5〉の言葉を借りて言うなら、「全てになる」というその言葉は、結果としてまさに全てか無かという矛盾を乗り越えるであろうプロレタリアートの革命による社会的解放よりも、勝利に満ちたブルジョアジーの野心により相応しいものである。

しかし国家支配の旧い機構の消滅が確かに過程であるなら、革命的変革の仕事そのものが過激派が理想とする世界にとっては重要となる「全てか無か」という言葉ではもはや語ることはできないのである。このようにしてコミューンに関するのと同じく、またそのもたらした影響のもとに「過渡的な権利の要求」に関する問題提起はコミンテルン第五回大会、ついで左翼反対派の討論の中で再び見いだされることになるのである。

一八五〇年に『フランスの階級闘争』のなかでマルクスは「労働の権利」の要求はブルジョアジーの見地からすれば「一つの不条理」を、博愛主義者の見地からすれば「見果てぬ惨めな夢」を意味しているにもかかわらず、「不器用な言い回し」でその裏に「賃労働、資本家およびその相互関係の廃止」の姿を見え隠れさせるプロレタリアの要求をともかくも表明していたということを認めている。

同様に、彼は累進税の要求には賛成した。だからと言って彼が私的利益の追求による支配的な搾取社会下の富の「公正な分配」という神話に同意をしていたことではさらさらないのである。

さらに彼は過激主義者のエスカレートとはほど遠く、コミューンのとった処置であるかぎり、そして彼らの限界（フランス銀行の金庫へのばかげた敬意がそこにある）にも拘わらず「現存秩序を破壊する実際の動き」を感じとっていたのである。

この動きはしかしながら、物事の秩序を揺さぶるようには見えない諸方策によって開始される。

教会と国家の分離および司祭の免職「私生活の静かな隠居所へ」。一八七一年四月六日の二台のギロチンの公の場での破壊。政治犯の釈放。パン屋の夜間労働の廃止。モン・ドゥ・ピエテ〔公営質屋―訳注〕の閉店。ヴァンドーム円柱―軍国主義とショーヴィニズムを讃える「野獣的暴力と偽りの栄光の象徴」――の取り壊しである。その旗が「世界的共和国」のものであることを示す外国人のコミューンへの議席の許可。淫売という「下劣な隷属状態」である女性の解放。国家の公共サービスのコミューンの手への移転。とりわけ「常備軍の廃止とその武装した人民への代替」。これが全部ではない。そしてゼロというわけではない。

マルクスがコミューンの人々にたいしてフランス銀行を敢えて押収しなかったこと、ヴェルサイユへ進軍しなかったことおよび「良心のためらい」から、「好機を逸した」事を非難したとしても、それは彼が彼らに敬意を、またそれに値する称賛をより良く表すためであった。「歴史は同じような偉大さを示した他の実例を知らない。もし彼らが敗れるとすれば、それは彼らがあまりにもお人好しだったために過ぎない……。プロシア＝ゲルマンの神聖ローマ帝国の聖なる奴隷どもに天から襲おうとするこのパリの人々と、兵営や教会の悪臭を放ちながら死後の仮装行列を行っている者どもとを比べてみるが良い！」*原注(16)

国家の消滅の見通しは、いずれにしても近代社会に存在し続けているような階級社会の消滅のそれと軌を一にしている。実際には、社会関係の根本的な変革は、政治経済学と独占的市場の批判を含む全ての概念的範例の全く根本的な変革をもひきおこす。そうすると労働それ自体は、社会化された人類とその生殖の自然摂理的な諸条件とのあいだの代謝という一般的意味では存続するであろうが、不均整な賃金契約によって強制された、或いは無理強いされた労働という意味では消失するであろう。同じように「労働市場」がなくなり、労働力はもはや商品ではなくなり、公共福祉と連帯の論理が、利益と、一般化された競争の論理に打勝つこととなったその時から、「生産的労働」の概念は資本に対する代価としての賃労働というその狭い意味を失うことになる。全体的に見て社会の要求にこたえる活動という広い意義が再確認されるであろう。だから「ひとたび労働が解放されたら、人はみな労働者となり生産的労働はたったひとつの階級の属性であることをやめるのだ」*原注(17)。

既存の秩序に反対する「現実の運動」は、一八四八年とコミューンの経験を通じて、まさに実践的な意味を与えるためにそのユートピア的時期を乗り越えようと試みた。

生まれかけのプロレタリアートは「自分の解放の純理論派たち」の腕に、そして「社会主義者たちの諸派」つまりは「階級関係の空想的廃止」のような「普遍的友愛の千年王国」についての「人文主義者として妄想に浸る」ような支離滅裂な精神の腕に自分の身を投じたのだ。その反対に、「労働者階級はコミューンの奇蹟を期待してはいない……」。なぜなら彼らは「実現されるべき理想」、「できあいのユートピア」を持たないからだ。彼らが望んでいるのは「ただ旧社会が胸のうちに抱えている要素を新しくなった社会から解放すること」に過ぎない。

かくして現実の運動は「セクト的固定観念」を一掃し、「科学的無謬性の神託のような口調」を笑い者にした。べつな言い方をすれば、まずなによりも一つの精神状態であり、そのうえ「哲学的共産主義」であった共産主義はコミューンとともにその政治的形態を見出した。

一八四三年の「大陸における社会改革の進展」という論文で若きエンゲルス（二〇歳ちょうどだった）は若気の至りでないことはないが、熱狂して書いていた。

「フランスには、フーリエ主義者や他のそれより急進的でない社会改革論者を考慮にいれないでも五〇万以上の共産主義者がいる[*原注〈18〉]」。共産主義とはつまり彼にとっては「近代文明の普遍的状況から引き出されないわけにはいかない、一つの必然的な帰結である」、要するに論理的共産主義なのである。この「新しいタイプの共産主義」を生んだのは一八三〇年の革命であった。

労働者たちは「生きた原典に、そしてフランス大革命のおさらいに立ち戻った。そして彼らはバブーフの共産主義に素早く飛び付いた。フランスにおける近代共産主義について確実に断定できることはこれだけである。この問題は始めのうちは暗い通りで、そして人でごった返すフォーブル・サンタントワーヌで議論」された。

その幽霊のような共産主義は、平等主義者たちやカベ氏のイカリア島の夢想の党派からなる「粗野な」かたちをとって、明確な指針もなく霞の中をさまよった。

その代わりにドイツでは共産主義はなによりも哲学的傾向として現れた。一八四二年八月に「仲間うちで〝エンゲルスが仲間として理解したのは近代的意味での党派性のある組織ではなく、雑誌ドイツ年報（ANNALES ALLEMANDES）によって認識できる青年ヘーゲル左派の流れをくむ者たちである〟我々の何人かは、単なる政治改革では不十分であろうと判断していて、彼らの哲学的観念では、社会革命としか足並みをそろえていくことはできないと宣言」した。
そういうわけで共産主義は「ヘーゲル哲学の、もはや誰にも押しつぶすことのできないほどに必然性をもつ帰結」として現れた。なるほど確かにこの「哲学的共産主義」(原文のママ)はドイツに「良く根付いた」ように見える。しかしその哲学的源流は「文明の特権を享受する階級、すなわち個人的には実生活で大きな困難に直面したことのない大学教員や実業家の中から人員補填をするという逆説的な帰結を伴っていた」。だから我々は「ずっと前から我々に先立って実際に全ての仕事をこなしたイギリスの社会主義者に学ぶべきことは多い」のである。*原注(19)
四分の一世紀で、共産主義はその出現の最初の哲学的、ユートピア的な姿から、ついに発見された解放の政治的形態へと脱皮を遂げたのである。
一八七一年のコミューンは、このようないきさつで「生産手段を自由で協同した作業からなる単純な方法――そのことで共通の国民的計画に応じて協同の生産を調整することを計画することが可能になる――に変換することで個人的所有を現実のもの」にしょうと邁進した。*原注(20)
コミューンは所有者たちがヴェルサイユに逃れようと、彼らが労働を中断したかろうと、閉鎖していた作業所や製作所を、補償の留保付きで、労働者の連合に引き渡すことによって「個人的所有を現実のものにする」ためにその言葉どおり接収者を接収しようとした。
この論理は、権威的な国営化のそれよりも一般化され整合された協同組合化のそれに相応しい。
コミューンは、「まことに賢明にも」さまざまな職能団体の代表たちと協力して、逃亡した資本家には補償金を与えて、「放棄された作業場や工場を、労働者の協同組合に引き渡す方法」を研究する一公共の委員会を任命した。この不当にも曲解され、神聖不可侵の所有権に対する過剰な敬意の名残に縛られた「平等配分論者」の寛大さは、接収された搾取者への補償に応じ、逃げ出した雇用者への「賠償」に応じるまでに至ったのである！

事件の火中に熱く気持ちを募らせたマルクスとエンゲルスは、コミューンについての文章で、無政府主義であり地方分権主義者である〝プルードンというジロンド〟に対する完全国家管理主義者であり中央集権主義者である〝マルクスという超ジャコバン〟であるとする頑迷な神話に敢えて決着をつけたのである。

確かに、そこで強調されているのは近代的国家権力を打ち破ったコミューン制度は「モンテスキューやジロンド党員が夢想したように、始めは力づくで造りだされたとはいえ、今では社会的生産の有力な一要因になっている諸大国の統一を小国家の連邦に分断する試みであると思いちがいされた」。同じく人々は「近代的国家権力を打ち破ったコミューン」は国家権力に先行した「中世のコミューンへの復帰命令」であると間違って理解しようとしたのである。*原注〈21〉

マルクスはそれに引き替え、国家の中央集権化の機能と意味の史実性を明らかにした。

それは封建制の自治主義を排し、ついでアンシャン・レジームの陰謀に対して革命を防衛するうえで有益な役割を果たし得たのだ。しかし彼は勝ち誇っている寄生的で官僚主義的な国家と、その統治的な中央集権化に対しては、首都パリによって圧迫されている農民たちと、地方の反発が重くのしかかっているパリの労働者たちとの間で同盟を結ぶ見通しのもとで連帯責任のある脱中央集権化の論理を支持した。

「さまざまな支配階級と政府の首都であるパリは自由な都市ではありえず、そしてこのような首都がパリであるからには地方は自由ではありえない。パリというコミューンがあって、はじめて地方は自由と成り得るのだ[*原注(22)]」

要《かなめ》としてのパリとパリ・コミューンの対立は二つの社会的勢力および二つの主たる政治勢力の衝突の根源的な舞台であった。支配階級はパリ・コミューンの幽霊が何度も復活してくる度にこれを常に追い払おうとしつづけた（一九三六年の人民戦線の諸ストライキ、一九四五年のパリの反乱と解放、一九六八年のゼネストとバリケードの際に）。

それ以来都市の政策は全て、郊外の陰鬱な地区の人々をさらに遠くに追いやることで、コミューンのパリから人民のエネルギーを排除しつづけた。そのようにして市民のいない都市、（そして居住を制限された都市の壁際に追いやられた都市を持たない市民）、見せかけの飾り戸棚の記念建造物的な都市を作ったのである。コミューンのパリが望んだこと、それは「フランスの真の生きた統合に敵対する模造的な統一的制度を打ち砕くこと」であった。

なぜならそれまでの強制された統合は「専制的で、愚かな、人為的で、重荷になる中央集権」だったからである。というのは、コミューンをめぐる政治的統合は、（もしそれがあったとしたら）その反対に「全ての各地域の主権のもとづいた自発的連合」であり、「連盟を形成した市町村の中央委任」

であったからだ[*原注23]。

コミューン派のマルクスは自分の責任で「多くの結びつきによって拡大しうる新しい社会を生み出すことのできる諸社会の一つ」として着想された連邦共和制についてのモンテスキューの定式をくりかえすまでになる。

彼は、今日のユーロ語の特殊な言葉のなかで、影響力のある、あるいは民主主義的な「補足的機能限定原則（SUBSIDIARITE）[*訳注6]」と呼び得る連合の発展的な動力学を垣間見ているのだ。

資産家たちと、超過利潤と中心地としてのパリの享楽を欲しいままにするすべての官僚制の寄生虫どもが、パリ・コミューンに、彼ら自身の脱中央集権化すなわち領地や大邸宅の勢力を復活させることを狙う封建的な脱中央集権化を対置して、当時パリ・コミューン化していたこの恐るべき複製を武装解除するまでおさまらなかったことは驚くべきことではない。ヴェルサイユの反革命派は「パリを骨抜きにし、非首都化する」ことを目的に狙いを定めていた[*原注24]。そうするまでには一世紀以上もかかるだろうに。

反乱の火蓋を切ったパリ、赤いパリは「オーベルヴィリエや袋小路のナンテールに去った」と、アンリ・グゴー[*訳注7]は唄った。パリは追放されて、郊外が火に包まれたときに、ヴェルサイユ化した首都から、自分の壁やその外環通りの囲いの中で取り囲まれた中世の都市を作って復讐するのだ。

プロレタリアートのディクタトゥーラというもの

コミューンは、つまりはついに発見された解放の形態として、あるいはプロレタリアートのディクタトゥーラとして、はたまたこの両者を担うものとしてこの二つは不可分のものであろうか？

このことを二〇年後にエンゲルスは一八九一年三月一八日の正確に日付をもって『フランスにおける市民戦争』の序文の結論で言明した。「よろしい、諸君、このディクタトゥーラがどんなものであるかを皆さんは知りたいのか？　パリ・コミューンを見たまえ。あれがプロレタリアートのディクタトゥーラだったのだ」。*原注〈25〉 確かにそれはもっと近くから眺めて見る価値がある。一九世紀における「ディクタトゥーラ」という言葉は、非常事態に直面した際に限定され、正式に委任された例外的権力であったローマ時代の高潔な制度を想起させる。それは「暴政」の専断とは真っ向からの反対物である。マルクスも『フランスの階級闘争』の中でこの点を再びとりあげているのはこの意味においてである。

それは六月の虐殺のまさに翌日に「新ライン新聞」に発表された一八四八年六月二九日の自分の論説を引き合いに出した後のことであった。

六月の蜂起はただ単に共和主義的同意を打ち砕いただけではない。それは革命という言葉の意味でさえも二つに引き裂き、以降は有産階級の目から見れば、今や「善き革命」と「忌わしい革命」に二重化したのである。「善き」というのは二月革命のことである。

「それは普遍的共感の革命とも言えた。なぜならばそれは王権に抗して爆発した当時の対抗勢力は、まだ萌芽期にあって、肩を寄せて平和的にまどろんでいたからであり、またなぜならばその背後に構築されていた社会的抗争は、かすかな存在、言葉や文章などでの存在にしか達していなかったからだ」。「忌むべき革命」、それは生まれかけの体制派の目から見れば「嫌悪すべき」六月のそれであった。「なぜならそこでは言葉が現実にとって代ったから」である。しかしながらこの場合、六月の革命が「忌むべき」であったのではなく、忌むべきは反動であり、反革命であった。

六月の革命はもはや夢想された革命やロマンチックな革命ではなく、エンゲルスが大虐殺の直後に想起する絶望の冷酷な散文的革命であった。

「六月の革命と、これまで起きたあらゆる革命を隔てているものは、あらゆる幻想、あらゆる熱狂の欠如である」

六月の革命、「それは絶望の革命である」。これに比肩しうるのはローマの奴隷戦争あるいはリヨンの絹織物工の暴動である。「フランス人の快活なエスプリさえも沈黙する」*原注(26)一八四八年六月の敗北の直後のように、コミューンの鎮圧後には体制派の報復と復讐がさく裂した。勝ち誇った残忍さは受けた恐怖の大きさに比例した。一八四八年六月の大虐殺に関する証言は敗北した反乱を肩の力を抜いて見ていた目撃者からのものであるだけに益々雄弁である。

ルナン*訳注(8)の証言

「反乱が試みられたれたものとしたらあまりにも大きな災難である。しかしそれが勝利を収めたとしたらもっと大きな災難であった。私は現存の社会がより進歩的なものに置き換わることを見ることがあるとしても現在の社会を悔やむことはない。しかし新しい思想が受け入れられ、社会的なものになるそれまでの間は現状の基盤を維持することを望む。なぜならその状態は混沌よりはましなのだから」

窓から虐殺を目撃したその若い脱落修道士は姉アンリエットに書く。

「私がある政党の一つに協力さえし、その政党に対して禁じ得なかった苦々しさや感情の昂ぶりについてはどうか気にかけないでください。貴女には容易にそのことを御理解いただけると思います。私は残虐と恐怖とが差し迫っていると感じました。たとえ虐殺される彼らが咎められるべきであるとしても私は常に彼らの味方でした。機動憲兵隊は血に陶酔しながら言葉にするのも憚られる下劣な行為を犯しています。しかしぞっとしたのは、二、三日後に犠牲として捧げられた囚人たちの大量虐殺です。散弾で撃たれて屋根裏部屋に積み重ねられた哀れな人たちは空気がなくて息がつまり、呼吸をするために一つの狭い天窓から頭を出していたのです。なんたることだ！　はみ出したそれぞれの頭は国民衛兵の照準の的となり弾丸に迎えられたのです。そういうわけですから私はブルジョア階級は九月虐殺〔フランス大革命期の一七九二年九月二日の反革命派が獄中で大量に殺された事件─訳注〕をやりかねないと言うのです……。（九月の）大量虐殺に加わった革命党員は彼らがフランスの敵だと信じた人たちを殺しました。俗物どもは商売の敵と見ればその人たちを殺すということなのです」＊原注〈27〉

フローベールの証言

「この三カ月来、新聞が、結社が、集会が、教義が、彼らを怒らせた全てがいちどきに報復を受けた。特権階級はやくざのような狂気に駆られた。聡明な人たちもそのため一生白痴のようになってしまった。憎悪が膨らんだ。初等教育講義の教員にたいする、ワイン業者にたいする、哲学の授業にたいする、歴史の講義にたいする、小説にたいする、赤いチョッキにたいする、長い髭にたいする、全ての自主性、全ての個人的意志表示にたいする憎悪である。というのは強権の原理を再建することが必要だったのである。

それがどのような名のもとに行使されようと、それがどこから来ようと「力」でありさえすれば、「権力」でありさえすれば＊原注〈28〉」

マルクスがその書評で初めて打ち出した「大胆なスローガン」「ブルジョアジーを転覆しよう！労働者階級のディクタトゥーラを！」は有産階級の専横の抑えがたいこの暴力に直面してのことであった。＊原注〈29〉

かくも多くの軍事的および官僚の専制を知り尽くした二〇世紀の後には、ディクタトゥーラと言う名辞が内包するものを、それを口に出してはならなくなる程までに当初の意味を越えてしまった。今でも、言葉と事物を混同せぬよう、また言葉でその回答を追求してきた問題を排除してしまうことの無いように注意深くなければならない。

それでも、エンゲルスが挑発的調子で言明するようにコミューンは「プロレタリアートのディクタトゥーラだった」のだ。コミューンとは何だったのかをもっと正確に知ることが重要である。たえず公衆の監督のもとにおかれた受任者としての立場を自らに課しながら有資格の労働者と同じ報酬を与えられ、コミューンは「国家のあらゆる秘儀と野望」を一掃する。コミューンの最も重要な政策は、「それは前門に外敵を、後門に階級の敵をかかえた状況のなかで急遽創りだされたコミューンそのものの組織化＊原注〈30〉」にあった。確かにコミューンは「階級間の闘いを一掃するものではなかった」が、「あらゆる各個人の社会的な生活全ての根源的条件」としての「労働の解放」を代表していた。

コミューンは、このようにして社会的解放の発展が始められることが可能な――ただ始めさえすればよい――「理性にもとづいた環境」を作り出したのだ＊原注〈31〉。

コミューンとは、とマルクスはつづける。「ブルジョアジーの頭をひどく悩ましているこのスフィンクスである」。簡単に言うならば「労働者階級が政治権力を掌握する形態」なのである＊原注〈32〉。

この「ついに発見された」プロレタリアートのディクタトゥーラという形態は――このことは力をこめて強調されねばならない。それほど忘れられていたのだ――普通選挙という形態であり（しかしながら女性は排除されたままであった）、各市町村および地区の管轄区にもとづく代表からなる形態を保っていたのである。

「コミューンは、すべての市民の普通選挙によってさまざまな地区から選出された市会議員で構成されていなければならなかった（パリがその先導者であり、模範であったようにそれは我々の参考になろう）。

彼らは責任を負い、いつでも解任することができた。この機関の構成員の大多数は当然に労働者か、労働者階級の公認の代表者から成り立っていた＊原注〈33〉」

一八七一年五月三一日の国際労働者協会総評議会の呼びかけ〔『フランスにおける市民戦争』―訳注〕でマルクスは主張する。「普通選挙は地区ごとに構成された人民の役にたたなければならないものであり」、「普通選挙制を階級制度にもとづく信任投票制におきかえるということ以上にコミューンの精神にほど遠いものはなにもない」のだ。つまり彼は社会的基準に従って投票する権利の行使に制限を加えるという考察は決してしていないのだ。それはただ政治的多数が社会的多数に「当然のことながら」対応するべきであるという疑いもなく率直な彼の確信を表明したにすぎないのである。

代表する者と代表される者との、受託者と委託者との関係については常に点検されており、責任と解任の原則にしたがって具体化されている。だから代表者たちは、恒常的に自分の行為を報告する義務があり、代表される者との係争においてはその委任の行使を延期しなければならない。

この『フランスにおける市民戦争』の第二草稿においては命令的委任（MANDAT IMPERATIF）について、「一八七一年五月三一日の総評議会のよびかけ」〔『フランスにおける市民戦争』のこと―訳注〕の場合にはあったようには言及されていない。そこで〔後者で―訳注〕言及されているのは、小さな集落に至るまで農村コミューンは「選挙人の命令的委任によって結びついた、いつでも解任可能な代表による議会によって諸事が運営」されねばならないということである。[*原注(34)]

マルクスが三月二七日の「民衆の叫び」（LE CRI DU PEUPLE）[*訳注(9)]で紹介されたパリ二〇区全ての中央委員会[*訳注(10)]の声明を釈義することのみに甘んじたというのはもっともらしいことである。それによれば、コミューンの考え方は代議員をいつでも解任できることだけでなく、さらには「その権限と任務を明確にし、かつ制限できる命令的委任にある」としたことである。この相違はとるに足らないものではない。

解任が有権者たちを前にした選出された者の責任の結果であるのと同様に（フランス大革命では委任者たちを前にした受任者の、ということだが）命令的委任では民主的な議決を麻痺させる結果となるであろう。もし受任者が討議に応じて自分の見解を変える可能性のない委任者たちの特殊利益の代弁者にすぎなかったらどんな普遍的な意志も表に出ることはない。ほんの少しの個々の利益、あるいは同業組合の利益を追加しただけでそれは無力になってしまう。

憲法制定の権限の機能停止〔革命直後のソヴィエトの—訳注〕は、普遍的意志を具現化すると主張して、その粉砕された意志の上にのし上がる官僚制の温床を最後には作ることになる「執行と立法を同時に行う非議会的な活動体」のように、マルクスのコミューンの解釈において彼によって引き出された教訓でより議論の余地のあるもうひとつの内容は権力の非分離である。これは分割された寄生体としての国家の廃止と、諸事と社会の簡素な自主管理をおこなうための政治の消滅、という二つの概念の混同をひきおこす。

プロレタリアートのディクタトゥーラとは何であったかをマルクスとエンゲルスの真意に基づいて知るために、コミューンを良く観察するので十分であり、そしてそのことが何であったのかを理解するために彼らの説明だけをかんがみるにとどめるとしたなら、普通選挙と政治的複数主義を尊重するこのディクタトゥーラの初期の要となる政策が国家という怪物（L'État-Leviathan）*訳注(11)の脱官僚制と脱軍国主義化で成立していることが判明する。それは今日なら「現実に運営参加する民主主義」と呼び得るであろう条項と、社会的正義の基礎的な政策で成り立っている。この「ディクタトゥーラ」は、そういったことから主権を有する人々の譲渡できない憲法制定権の行使のために存在する法秩序の中断〔右記—訳注〕ではないかぎり、専横的な独裁権力とか例外的な体制という重大事態を意味するものではないのだ。

勝利の唄か弔いの独唱か*訳注(12)

代表制の問題は、とりわけ社会的により地位を得ない状態でとどまっているわけでは決してなかった。なぜなら政治は社会関係の単純な反映ではないからだ。だからこそ直接民主主義か代表民主主義かという一面的な対立構造の中で解決されるものではなかった。政治の代表制は反映ではなく変貌であった。

一八五〇年来、マルクスはこうしたことから如何にして「フランスで最も単純な男」ボナパルトが「最も複雑な意味」を巧みに獲得し得たのかを自問した。答えはこうである。

「彼がまさにとるに足らない人間であったからこそ、どんなものでも意味することができた—ただ自分自身だけを除いて」*原注(35)

現代の言語学者なら、彼の全精力は無、あるいは定まらないものの意味づけをする役割に愛着を覚えていたと言うことができるであろう。

しかし代表していることの神秘と奇蹟、自分が代表していることをはぐらかし、自分でないものを見せるその才能はナポレオン的ないかさま博打の域でとどまったりはしない。

つまりは、小ブルジョジーの代表者たちを民主主義者としたゆえんは、「それは小ブルジョアジーは知性の面では実生活で超えない限界を超えないこと」である。「これこそが一般的な方法として存在する、ある階級ともうひとつの彼らが代表をつとめる階級との政治的、絵空事的な関係[*原注(36)]」なのである。実際に見せていることを、それと同等もしくはそれ以上に転換したり隠している、このずれた関係。すなわち代表制の手の内とは俗悪な社会学的決定論にたいする挑戦なのである。

ここで行われていることは政治的な同盟の可能性だけではなく、様々な力の集結の、また国家と社会の普遍的問題にたいし、あるひとつの階級の立場から、同業組合的ではない解決策を提示することをしかねない「歴史的ブロック」(それはヘゲモニーという意味合いではまだ考えられてはいなかった)の可能性を示したものであった。

このようにして、一八四八年には「ルドリュ・ロラン[*訳注(13)]とラスパイユ[*訳注(14)]は、前者は民主的小ブルジョアジー、後者は革命的プロレタリアートの固有名詞」であった。

しかし連合した反革命的ブルジョアジーに直面して小ブルジョアジーと農民の革命派たちは「革命の利益を最もこうむるであろう高位高官である革命的プロレタリアートと必然的に同盟」しなければ

ならなくなった。このように新しいヘゲモニー・ブロックを形成することが目標とされた。つまりは「ナポレオンの帝政復古に絶望するとき、フランスの農民は自分の分割地にたいする信仰を捨てるであろう。この分割地の上に建てられた国家の建物全てが崩壊し、プロレタリア革命は合唱隊を受けとることになろう。この合唱隊のいないプロレタリア革命の独唱は、すべての農民国で弔いの歌となるのだ*原注〈37〉」。

この問題は、初めのうちは「農民国」に特有のものと思われたが、歴史的な試練を受けてよりずっと広い意味をもつことが明らかにされた。

それは社会において、また大いなる均一の主題を自発的に形成するにははるかにほど遠いプロレタリアートの只中においてさえ作用している様々な分化の恒常的な再構築の問題である。それはまた社会関係とその政治的表現との一致の関係ではなく、解釈と翻案の関係の問題である。

コミューン下では小ブルジョアジーと中間ブルジョアジーは労働者の傍らで国民軍の大きな集団を成して、はじめて社会革命に与した。マルクスはこの同盟を強化するために債務者を優遇して行われた諸政策の重要性を強調した。なぜならコンミユーンの革命は「他人の労働のおかげで生活しているのではない全ての社会階級を代表している」からだ。

もしコミューンが「フランス社会のすべての健全な要素の真の代表、したがって真の国民の政府であるとすれば、それは同時に労働の解放の勇敢な主導者である労働者の政府である*原注〈38〉」。解決策を提供するよりもずっと多くの問題を後世の人々に投げかける謎めいたありかた、社会の解放であり、労働者階級の権力の獲得によって見出された形態であるコミューンはすなわち労働者の政府であり、それと「同時に」「社会のすべての健全な要素」を代表する真の国民の政府なのである。換言すれば普遍的な特殊である。すなわち血みどろの鎮圧にもかかわらず勝利を潜在的に秘めた合唱隊であって、宿命的に陥った弔いの独唱ではないのだ。

「一八四八年六月は――とジャック・ランシエール[*訳注(15)]は書いた――『共産主義者の党のマニフェスト[*訳注(16)]』という本の事実を街中で実演してみせた」

マルクスが確認しているが、社会のあらゆる階級が「ボックス席を、一階席を、天井桟敷を離れ、そして革命の舞台に出て自らの役を演じることを余儀なくされた」、「人は劇場から逃れたのではない」と彼は『ブリュメール一八日』で付け加える。しかし、主役が演技を間違い、「そこから全てが混乱」した。

「このマニフェストという啓示を示した書物は象形文字〔疑問難問―訳注〕で一杯だった。政治の舞台はその公認の役者たちであるブルジョアとプロレタリアートたちを代替えの俳優たちの一団に場所を譲るために葬り去る。そしてそこでの滑稽な上演は道化役者のルイ・ナポレオンの勝利によって終わったのだ[*原注(39)]」

それらの象形文字は政治の暗号化された舞台のそれであり、社会的な立役者たちはその舞台の上で仮装している状態でのみ登場する。

この物真似は、それぞれの役の混同とフィガロの結婚ばかりの人違いとも言えるべきものである。これらの「劇場もしくはサーカスの効果」は、「様々な階級に次のような肩書の権利を与えるたったひとつの立場で存在することが不可能だ」ということを代弁している。「そのたったひとつの立場とは、つまり彼らの政治的な代表としての立場」を表現している。ブルジョアジーにせよ、プロレタリアートにせよどの階級もつまりは「それ自らの模倣によって、正確に言えば浮浪化のために重複し形を崩されて登場」したのだ。

この政治の舞台では公認の俳優たちはエキストラの一団に場所を譲るために消え去り、上演はルイ・ナポレオンの勝利によって幕を閉じる。そのさくらたちの万歳に、一二月一〇日社会に包まれてである。

ルンペンは一つの階級ではない、がそれはひとつの「寓話」である。「善の物語に寄生しに来る悪の物語」の寓話である。

（その寄生虫であるルンペンは）善なる物語「もはやそのうちの一つではない」あるいは「いまだに一つですらない」階級を前にして悪なる解体を具現化する。そのうえ不測の事態だ。

現実の階級であるその脆さと臆病さ、それと歴史上の階級であるその偽りの偉大さと英雄主義との間にある内部分裂〔プロレタリアートが一八五〇年五月三一日の普通選挙法廃止に直面しながら民主派の指導に従い―訳注〕。つまりは「束の間の満足感のために自分の階級の革命的利益を忘れることまでして労働者たちは勝者の階級である名誉をあきらめていたのだ！*原注(40)」。

ランシエールは書いている。ルンペン状態への階級の解体のもとでは、「階級という表現でのあらゆる政治の説明にたいする嘲弄を」読みとることができる。「すなわち社会的階級のいわゆる唯物論的分析というのは、確かにむしろ自己同一性からの果てしなく繰り返される逃避と、諸階級に共通の放任状態を示す作りごとである＊原注〈41〉」。

この影絵芝居では、悲劇の物語である善の物語は悪の物語に、オペレッタや、帝国のおどけた所作からなる滑稽な吝嗇さを語る物語にとって代わるのだ。

悲劇と喜劇のはざまで、さまざまなジャンルの混合は、間が悪く語られたシナリオの滑稽な効果を生み出したあたかも「ドン・キホーテの時代の騎士道によってなされる歴史にたいするすでに負けの決まった戦いのグロテスクなリハーサル」であるかのように。

悲劇が新しいものと旧いものとのあいだの闘いにおける真正なる表現であった一方、喜劇はもはや既に演ぜられた歴史と既に死んだ価値観との茶番的な繰り返しでしかない＊原注〈42〉。

そこにランシエールが社会的戦いの神話学を見出し、マルクスは困難ななかで、戦略的問題、すなわちこの闘争と彼の政治的表現とのあいだの、あるいはまた階級と党派間闘争とのあいだにある媒介の問題を探求したのである。

彼は『聖家族』においてすでにこう書いていた。

「かくかくしかじかのプロレタリアが、あるいはプロレタリアートそのものさえが、さしあたってどのような目的をさし示しているのかを知ることが問題ではないのだ。問題はプロレタリアートが何であるのか、またその存在におうじて、歴史的に何をするように余儀なくされ（historiquement obligé）

うるだろうか、を知ることである」

存在による外観の吸収というこの歴史的な責務はおそらく目的論としてその名目のみで理解されている。その目的論によれば、政治的な媒介を抜きにして変転のうちに不可抗力的に現実と可能性との間にある矛盾は解消されるということである。歴史的プロレタリアはついにはその存在に応じて、現実に存在する「労働者の否認」のようにそこで表現されている。職人、ルンペン、小ブルジョアはつまりはどれもがことごとく「労働者とプロレタリア間の隔たりが纏っている劇と変装用の仮面を表している。それは革命と展開との不一致を示して」いる。*原注〈43〉

規範的な前提に応じて言えば、現実の労働者たちはマルクス（とエンゲルス）にとっては、偽のプロレタリアであり、職業という言葉の特別な語法の犠牲となった愚かなストロウビンゲルである。だから実際の労働者は無気力にされた小ブルジョアジーの類でしかないし、「どうしようもない愚か者」抜きには済まされない賢者は自らに「プロレタリアートの課題を労働者たちの雑多な集団の代わりにもたらす」役割があると見做すかも知れない。*原注〈44〉

現実の労働者と仮想のプロレタリアートの間に働いている二律背反を極端に過激化させながら、ランシエールはマルクスとエンゲルスの初期の発展期の共産主義から純粋に思弁的な共産主義を作り出しているように見える。彼はそれでも彼ら二人がまだたどたどしいやり方で党という媒介によって応答する効力のある反論を明らかにしている。

しかしその党は、ランシエールによればそれ自身が思弁的なものであり、「裏話」として『共産主義者のマニフェスト』において唯一本物の活発で目に見えた力であるブルジョアジーの影以外のものではない（プロレタリアの）幽霊の形体としてのみ存在する。

ランシエールはそこから以下のように結論づける。「マニフェスト」は根本的にはプロレタリアートの解放の力における、というよりもむしろ「ブルジョアジーの自殺における信仰の表明」である。だからマルクスは革命劇が終わる前ですら、たいして後悔することなく党（共産主義者同盟）を清算することができたのであろうと。

なぜならこの党は「ブルジョアの死去や、汚れのない労苦の積み重ね……プロレタリアの純粋な行為によって造りだされた労働者として存在することの単なる否定なのだ。かつ、その絶対的否定の形でプロレタリアたちの純粋な労苦を表して」いる。*原注〈45〉してみると、論理は単純である。労働による労苦と愚鈍化は、労働者たちが「党によって代表される」ことを要求するが、しかしこの党は稀あるいは例外的である革命的危機の極端な状況下でなければ現実には「その存在に合致したもの」ではありえないということである。

二つの危機の間には理論的批判の時間が訪れる。そのように、一八七一年のコミューンの直後のように一八四八年の革命の直後には党派的行動の形態のもとに、政治の（相対的）間欠期が来るのである。

政治と社会との、事件と歴史との、したがって政略的な執行者としての党との関連について、レーニンに別なやりかたで考えることに立ち戻させるであろう。しかしそれはもはや別な歴史である。*原注〈46〉ランシエールがマルクスに見た理論的二律背反と、政治の袋小路はまさにそこである。

イザベル・ガロは＊訳注(17)、その反対にそこに豊富な弁証法的矛盾を認識している。マルクスは、彼女にとって根本的に「表現の哲学史にその名を刻む」「表現の思索家」であり、言葉のありとあらゆる意味において媒介を用いた思索家である＊原注(47)。

かくして彼マルクスはヘーゲルの政治的権利批判〔『ヘーゲル法哲学批判のために』─訳注〕のなかで「代議制憲法」を、「偉大なる進歩」、「国家の近代的状況における開かれた表現行為」、国家の「隠れもなき矛盾」とみなしているではないか。

一八四八年の度重なる革命を経験し、この代議制は開かれた表現行為ではなく、彼がそう思っていたような「偽装されていない」ものではなく、まだその舞台裏と隠蔽された管轄区域を暴きだす余地のある幻影と仮装の芝居であることが明るみに出たかのように思える。政治の舞台の奇跡や神秘化が、如何にして秘密裡に、商品の物神崇拝の変容と偽装を有し、そして具体的労働が抽象的労働に、使用価値が価値に、価値が価格に変換させる方法をもつのかを暴くことが政治経済学批判の任務であろう。

イザベル・ガロが「代表制の論理」とか、より正確に言えば「いくつかの特定の代表制」と呼んでいるものが展開することは、商品の内部分裂に端を発しているのである。

マルクスにおける概念のさまざまな使用は「代表制という言葉の一義的な概念を設けること」を禁じている。しかし彼はその批判的著作を通じてずっと「代表制とは媒介であって、身分ではない」ことを示している。それは見かけの表象や単なる反映ではない。

それは術策ではなく「必要不可欠な外観をしたものの作用」なのである。代表制はこのようにして、それを解放する自由や少なくともいくつかの状況下では再生と正当化の厳密な論理の余地を十分に保ちながら社会の構造の性質を帯びている。

それはこのようにして、矛盾の間隙に巧みに滑り込むことを批判的理論に容認する。*原注〈48〉だから重要なことは代表制を「簡略化できない現実」として考えるべきであって廃棄すべき幻想と考えてはならない。だからマルクスは代表制を、現実の具体的な断層の境目を識別することが可能な「多様化した具体的な論理」として位置づけたのである。その理由でそれは批判、そしてもちろん政治の！ 可能性の条件なのである。

政治は実際に、「支配された者たちの代表の存在と、したがって支配者たちの代表の存在（それは必ずしも同じものではない）、そしてそれによって、政治的闘争が必然であることを認める」ことで成り立っている代表制の謎としてしばしば表現されている。*原注〈49〉

現実の矛盾と、進化の利益をこうむる役割を同時に代表し、代表制とは本来曖昧さを有するものである。階級間の諸対立が厳密に代表制に理論上の概念を訴えることはないのだ。

現実の矛盾と進化の受理の間には、常に作用やずれや変動があるのだ。

マルクスは一八四七年に『哲学の貧困』でそれを始めた時よりずっと強くに『ブリュメール一八日』のなかでは、政治的代表制の積極的で構造的な役割を断言している。

意識化がそこでは階級闘争の構成を担っている。そのことが代表制についての選びぬかれた言葉を要求しているものなのだ。

　マルクスの疑問「フランスで最も単純な男がいかにして最も複雑な重要性を獲得するに至ったのか？〔ルイ・ナポレオン、サルコジ〕」。

　代表制のそれ自身の効能によってであると彼とともにイザベル・ガロは答える。つまり「政治的代表制は、その代償として政治的および社会的生活を構造づける選択を彼らの水準で決定づけるからである」[*原注〈50〉]。

　したがって共和制それ自身は、代表制が厳密には単なる「無用な装飾」ではない限り一つの代表制なのである。それゆえに舞台は幻想の世界なのではなく、まさに代表の世界なのである。人はこの二つを見誤ってしまうかも知れない。

　難局のそれぞれの物語はまさしく戯曲の諸幕であるが、そこでは上演は偶像化のありふれた幻想とは距離を置いており、パントマイムの仮面は剥がれ落ち、おどけた芝居を押しのけて悲劇が再び優位に立つのである[*原注〈51〉]。

〈原注〉
〈1〉　参照、マクシミリアン・ルベル〔Maximilien Rubel〕
　マルクス『フランスの階級闘争』で再版された「ボナパルティズムを前にしたカール・マルクス」

〔Karl Marx devant le bonapartisme, rééditée dans Karl Marx, Les Luttes de classes en France〕パリ、フォリオ社〔Folio〕2002

〈2〉参照　マリアン・サウェル〔Marien Sawer〕『国家と革命の起源』〔The genesis of State and Revolution〕ソシアリスト・レジスター〔Socialist Register〕1977

〈3〉マルクス『フランスにおける市民戦争』P257-58

〈4〉マルクス『ヘーゲル国家哲学批判』パリ、パリの10―18社〔Paris 10-18〕1976

〈5〉マルクス『フランスにおける市民戦争』P212-216

〈6〉マルクス『ブリュメール一八日』P297

〈7〉マルクス『フランスにおける市民戦争』P257

〈8〉フェリックス・ピア〔Felix Pyat〕「大統領制に抗して、国王の処刑の権利のために」〔Contre la presidence, pour le droit au régicide〕パリ、パリ―ザンジバルの友社〔Les amis de paris-zanzibar〕2002〕

〈9〉エンゲルス「プロシアの軍事問題とドイツ労働者党」〔Die preußische Militarfrage und die deutsche Arbeitspartei〕ハンブルグ　1865

〈10〉マルクス『フランスにおける市民戦争』のマクシミリアン・ルベル〔Maximilien Rubel〕の引用部分　同　P476

〈11〉同　P259

〈12〉これはマルクスが『フランスにおける市民戦争』の第二草稿の結論の言葉である。

〈13〉「ABOLITION」〈廃絶〉、「DÉPÉRISSEMENT」〈衰退〉、「DÉPASSEMENT」〈凌駕〉「EXTINCTION」〈根絶〉などの語を識別することはしばしば困難である。それは翻訳者の選択内容、作家自身の語彙のバリエーション、そして彼が言葉にもたせる意味合いの違いを表すものである。そしてそれは彼が物議を醸しだすことを気にせずに書いているかどうか、あるいはまた彼がその論理の試みを明らかにするため自分の概念を明確に表現しようとする方法によるものである。そのことを確立するには、そしてそこに達する確実性が得られなければ、諸文献の徹底的で照合的な研究に専心する必要があるだろう。

ドイツ語では「ABSCHAFFEN」〈廃止する〉は「ABOLIR」（死刑や拷問の政令による廃止の意味）が最も適していると思われる。これはマルクスが権力機関の問題でアナーキストの視点を説明するために用いられた。

一八七五年のベーベルあての手紙でエンゲルスによって用いられた「ABSTERBEN」（DÉPÉRIR〈衰弱する〉）、「AUFLÖSEN」あるいは「VERSCHWINDEN」（SE DISSOUDRE あるいは DISPARAÎTRE〈消失する〉などがそうである。）は政令による決定という以上により経過的な動きの意味を強調している。

以下に述べるものは正確には外部の介入なしの内在的過程を意味するものである。

「ZU BESTEHEN AUFHÖREN」（CESSER D'EXISTER〈存在〉することを止める）、「FALLEN」（TOMBER〈倒れる〉）――これはエンゲルスが『家族の起源』の中で倒れゆく国家について、TOMBER、外部からの圧力なしにひとりでに、というニュアンスを含んだ意味で用いている。

また「MACHT ER SICH SELBST ÜBERFLÜSSIG」という定型表現がある。これはそれ自身を余分なものとする、また自らの作用で無にしてしまうということである。

はたまた「EINSCHLAFEN」――「SCHLAFT DANN VON SELBST EIN」（自ら眠り込む）さらに「S'ENGOURDIR」（麻痺する）、「S'ÉTEINDRE」（絶える）などは日常的によく使われる遠まわしの表現で、死去を知らせる際の「MOURIR」（死ぬ）の意味をもっている。

だからそれは宣言された「ABOLITION」や殺害ではなく。国家は穏やかにベットの上で逝去するということを意味しているのである。

〈14〉　※この研究と貴重な御指示は私の仲間であるドイツ語研究者、ジェラルド・ビリーとエルフリード・ムラーのおかげである。彼らに心から謝意を表したい。—ダニエル・ベンサイド

〈15〉　マルクス『フランスにおける市民戦争』P260

〈16〉　同　P301

〈17〉　マルクス「一八七一年四月一二日の手紙」

〈18〉　『フランスにおける市民戦争』にある国際労働者協会総評議会への呼びかけ

〈19〉　一八四三年一一月四日、ニューモラルワールドでエンゲルスはフーリエには「重大な矛盾がある。なぜなら彼は私有財産を廃棄しない」ことを主張しつつフーリエ主義者たちを共産主義者たちと区別した。

〈20〉　同

〈21〉　この定式は私的所有に対して集団の所有ではなく、個人的所有を対比させている。『資本論』第一巻を参照のこと。

〈22〉　マルクス『フランスにおける市民戦争』P45

〈23〉　同　P227

〈24〉　今度は、アンリ・ルフェーブルが強調する。「コミューンの自発的な特性は首都の人民の名において伝統的な国家中央集権主義とは縁を切り、脱中央集権化を提案したことである」(「コミューン宣言」〔La Proclamation de la Commune〕P163)

〈25〉　同　P231

総評議会の呼びかけ　同　P31

同　P302

〈26〉エンゲルス「新ライン新聞」一八四八年六月二八日
〈27〉エルネスト・ルナンからアンリエット・ルナン宛ての手紙　一八四八年七月一六日〔Ernest Renan à Henriette Renan, le 16 juillet 1848〕
〈28〉グスタヴ・フローベール〔Gustave Flaubert〕「感情教育」〔L'Education sentimentale〕
〈29〉マルクス『フランスの階級闘争』P40
〈30〉同　P215
〈31〉同　P216
〈32〉同　P256
〈33〉同　P260
〈34〉レーニンのとりわけ『国家と革命』〔L'État et la Revolution〕の中には責任性と、命令的委任ではない罷免可能性の原理が再見される。
〈35〉マルクス『フランスの階級闘争』P57
〈36〉マルクス『ブリュメール一八日』P215
〈37〉同　P308
〈38〉マルクス『フランスの市民戦争』P49 および P220
〈39〉ジャック・ランシエール〔Jacques Ranciere〕『哲学者とその貧困な人たち』〔Le philosophe et ses pauvres〕パリ、シャン―フラマリオン社〔Champs-Flammarion〕P140-142　2007
〈40〉ランシエールによるマルクス『ブリュメール一八日』の引用。P216
〈41〉ランシエール　P148
〈42〉同　P104　ランシエールは付け加える「一八五〇年代には悲劇の文学的問題は革命の政治的問題でもあった。その当時ブルジョアジーは彼らの一六世紀を二度体験していたのだ」。

〈43〉同　P123
〈44〉同　P136　ランシエールが「常に形成期」にあること、あるいは「移行期」であることを労働者階級の恒久的な性格でありうると考える際に、それをマルクスの何らかの直観に基づいて考えているようであることとなんらかけ離れているわけではない。
〈45〉同　P203-204
〈46〉ダニエル・ベンサイド『変わるべき世界』〔Un monde á changer〕パリ　テクステュエル社〔Taxtuel〕、二〇〇三年の『戦略的技術としての政治』〔La politique comme art strategique〕を参照のこと。
〈47〉イザベル・ガロ〔Isabelle Garo〕『マルクス、ひとつの哲学の批判』〔Marx, une critique de la philosophie〕パリ　スーユ社 Seuil　2000
〈48〉同　P241 および P279
イザベル・ガロにおいてはこのように代表制の方式は「イデオロギー概念の歴史的および弁証法的改良」（P279）を構成している。
〈49〉同　P91
〈50〉同　P122
〈51〉同様に、商品は表出と見せかけの分身との関係で、抽象的労働と対峙し、まさに表現としての関係にあるのであり、二重の見せかけの関係にあるのではない。その代表性の機能は、使用価値と交換価値との間の、抽象的労働と具体的労働との間で「代表制の論理」がその中に居を定めた、それをとりこにする内部分裂に由来するものである。しかしマルクスにとっては一般的な代表制を研究するのではなく、「一定の代表制」、それもとりわけ生産と交換の世界のその只中でさえある起源によって決められた代表制を学ぶことが問題なのだ。その視点からすれば、商品は選択の理論上の対象であると見做される、つまり交換価値としての代表であり、もし商品が政治経済学の理論づけをする特権的媒体である限り、総体的には経済的社会的な現実のある研究の基礎としてあると言うことができるなら商品はきっぱりと代表制を想い起こさせるものである（イザベル・ガロ　同　P155）。

（訳注）

（1）クロイツナッハ手稿　マルクスは一八四三年夏に、結婚したクロイツナッハで著作『ヘーゲル法哲学の批判から』（ヘーゲル国法論の批判）を著したがこれは未完であったためこう呼ばれる。なお「ヘーゲル法哲学批判　序論」は一八四四年二月に［独仏年誌］に発表されたものである。

（2）純理論派（DOCTRINAIRE）ウイーン会議後の復古王政下で、立憲王政は新しい市民的諸関係を率直に認めることなしには崩壊するという意識を持ち、一方では右翼の伝統主義に、他方では左翼の合理的個人主義に対抗して自己の哲学を持とうと欲することで影響力をもった理論家たち。代表的人物はロワイエ・コラール、ギゾーら。

（3）シャルル・フーリエ（1772―1837）フランスの思想家　空想的社会主義の実践家。「四運動の理論」により、物質界と精神界に通じる運動体系の統一が存在すると主張。ファランステールと呼ぶ独特の共同組合社会を目指した。この構成員をファランジェと呼ぶ。

（4）フェリックス・ピア「ヴァンジュール（復讐者）」の編集者。第一〇区選出のコミューン議員、公安委員。

（5）シエイエス神父（1748―1836）聖職者、政治家。シャルトルの司教代理、オルレアン州議会議員を務める。啓蒙思想の影響を受け身分制を批判。「第三身分とはなにか?」を著し、第三身分こそ真の国民であって聖職者や貴族は特権を放棄して国民になれと呼びかけた。

（6）補足的機能限定原則（SUBSIDIARITÈ）今日で言えば、EUの活動事項を各国政府の主権的議決の及ばない補足的活動に限定するという原則。自助、互助、公助ということであり、上杉鷹山の「自らできることは人に頼らず、互いに助け合ってできることはその中で行い、それでもだめなら藩が手をだす」という考えが例として挙げている人もいる。

（7） アンリ・グゴー（1936—） フランスの作家。代表作『大脱出』。

（8） エルネスト・ルナン（1823—1892） フランスの宗教史家。聖職の道を断念した彼の『イエス伝』は、自然科学によって理論体系が不可能な要素はすべて迷信として排除するとする聖書研究の嚆矢となった。人格者であった姉アンリエットの影響が大きいとされる

（9）「民衆の叫び」（LE CRI DU PEUPLE） ジュール・ヴァレースが編集にたずさわっていた新聞。彼は作家で、世界初のプロレタリア文学と言われる『パリ・コミューン』（邦訳に中央公論社 世界の文学二五 谷長茂訳がある）を書いた。パリ第十五区選出のコミューン議員。

（10） 中央委員会 国民軍共和連盟（LA FEDERATION REPUBLICAINE DE LA GARDE-NATIONALE）の中央委員会をさす。したがって国民軍は国民衛兵と訳されることもある。一区につき三名の代議員からなる。この三月二五日の声明は、Ⅰ コミューン議会選挙の前日に発表され、Ⅱ 投票の結果が発表され議会の成立すれであろうその日に、中央委員会はその権力を放棄し、その義務を果たしたことを誇りながら、引退することができるであろうと宣言し、Ⅲ 考慮すべき過渡期の諸問題は諸君のコミューン市会によって解決される筈である。何となれば、責任制であり、いつでも解任し得るこの市会は、市民の絶え間ない監視のもとにあるであろうから、では投票せよ、市民諸君よ、と述べている。

（11）『怪物』（L'Etat-Leviathan） 一六〇五年にイギリスのトマズ・ホッブズによって著された政治哲学書。万人の万人に対する闘争状態にある人間は自らの自然権を国家に譲渡し、その社会契約によって王権神授説に変わる国家の正当性を説いた。この国家を旧約聖書のヨブ記に由来する怪物であるリヴァイアサンと仮称した。

（12） 勝利の唄か弔いの独唱か この有名な文言は一八五二年ニューヨーク発行の初版『ルイ・ボナパル

トのブリュメール一八日』に載った「ナポレオン的王制復古への絶望とともに、フランスの農民は彼の分割地への信仰と離縁し、この分割地の上に築き上げられた国家建造物全体が倒壊し、プロレタリア革命は合唱隊を受け取る。そしてこの合唱隊なしには、あらゆる農民諸国民の中でのプロレタリア革命の独唱は、葬送の歌となるであろう」（植村邦彦訳）から引用されている。

(13)　ルドリュ・ロラン（1807―1874）　フランスの政治家、弁護士。七月王制期に政界入りし一八四七年に始まる改革宴会を推進し、二月革命後は臨時政府の内務大臣として五月一五日の暴動抑圧に加担し、六月革命には傍観した。その後議会最左翼の山岳党の首領となりルイ・ボナパルトと対決したが、山岳党の反乱鎮圧後はロンドンに亡命。

(14)　フランソワ・ヴァンサン・ラスパイユ（1794―1878）　フランスの政治家、科学者。共和派左翼として七月革命の市街戦に参加。「レフォルマトゥール」紙を発刊して大衆的人気を得る。二月革命に参加しパリ市庁舎で共和制を宣言。五月一五日の暴動でブランキらと逮捕された、大統領選挙に立候補してルイ・ボナパルトに大敗しベルギーに亡命した。コミューンには参加しなかったが参加者の大赦のために尽くした。

(15)　ジャック・ランシエール（1940―）　アルジェリア出身のフランスの哲学者。アルテュセールの影響で共著『資本論を読む』を出したが以後独自に社会的なものの表象についての考察に進み、『民衆の舞台』『プロレタリアたちの夜　労働者の夢の記憶』『平民哲学者』『不和あるいは了解なき了解』などの本の他、映画にも興味を持ち、美学と政治学の関係についても考察している。

(16)　『共産主義者のマニフェスト』（共産党宣言）がロンドンで発表されたのは一八四八年二月である。

(17)　イザベル・ガロ　一九六二年生まれのフランス人女性哲学者。マルクス主義の立場からリセで講じた。

Ⅲ　コミューンの幽霊

ひとつのコミューンから次へ

一九一七年八月、七月の流血の蜂起の直後に、レーニンによって内密かつ緊急に起草された『国家と革命』は蜂起目前の文献である。その論争上の影響力を把握し、その一部の行き過ぎや一方的な定式化を理解するためにはこの本が第二インタナショナルの正統性に対しての決別を表す行為で構成されていることを想いおこさねばならない。

一九一二年にノイエ・ツァイト誌で行ったアントン・パネクークの介入は物議をかもした。彼は革命は単に国家機構のなかでの「力の移動」を意味するに過ぎないとするベルンシュタインやカウツキーとは反対に、マルクスの『ブリュメール一八日』『フランスの市民戦争』『ゴータ綱領草案批判』を掘り起こして、ドイツ社会民主主義の健忘症に罹った諸先哲たちにブルジョアジーが自分の用途のために捏造した国家権力を奪取するだけでは十分ではない、それは粉砕されねばならないことに注意を喚起しようとした。

当時の革命理論へのマルクスの極めて重要な貢献のひとつとして一八五二年のワイデマイヤーへの有名な手紙*訳注(1)にあるように、マルクスがみなしていたプロレタリアートのディクタトゥーラの機能とはそういうものであった。パネクーク*訳注(2)の論文は初歩的無政府主義のぶり返しとして迎えられた。一九一〇年に出版されたカウツキーの『権力への道』の大賛美者であったレーニン自身はこの論争には参加せず、むしろ公認の継承者たちによって選びぬかれたマルクスの読書を受け入れることを続けていた。だから彼が問題を再考し、ブハーリンの教唆によってマルクスの著書、とりわけコミューンに関するものを刮目して再読するためには、戦争の試練と第二インタナショナルの挫折の啓示が必要だったのである。『国家と革命』は革命的事件の緊急性に迫られた状況下におけるこれらの読書から生まれた賜物であった。

レーニンにとってもエンゲルスにとってのように、国家は外から社会に強制された権力ではなく、ヘーゲルの言葉を借りれば「理性における現実の象徴」でもない、それは「発展の一定段階における社会の産物」なのである。それは「階級間の矛盾が和解できない」という事実を表現している。

このことによる実践的な結論は「被抑圧階級の解放は、強力革命なしには、と言うに留まらず、支配階級によって造られた国家権力機構の廃絶なしには不可能である」ということである*原注(1)。

事実、パリ・コミューンの経験は「現代の代議制国家」はなによりも「資本による労働の搾取の手段」であることを証明してしまったのかも知れない。

階級の上に空中浮揚した国家の小ブルジョアジーのユートピアとは反対に、マルクスの目には国家はつまりは階級暴力の組織と映った。この結論は『ブリュメール一八日』の有名な諸節を解明している。そこでは全ての政治革命はそれまでは国家の機構を強化しただけ、あるいはそれを「破壊し解体する」ことをする代りに「それを手中にする」ことに甘んじていただけであったことを確認していた。

この解体をまさしくコミューンが成し遂げたのだ。

「ブルジョア民主主義」はそれだから「プロレタリアのそれ」と成り、「厳密に言えばもはや国家ではない何物かに変身した*原注(2)」のである。

マルクスは、社会の「寄生的肉瘤」として存在する国家を破壊することをきっぱりと要求した。この文言は半世紀以上も前に書かれ、ドイツ社会民主党にあまりに深く隠されていたので（『フランスにおける市民戦争の草稿*訳注(3)』）、――その時レーニンは憤慨していた――それを掘り起こすのに「真の発掘作業」が必要だったほどである。

無政府主義者たちは確かに革命の権力の「政治的形態を回避」したが、しかし第二インタナショナルの日和見主義者たちといえば、「議会的民主主義国家のブルジョア的形態を受け入れていた」。

無政府主義者のユートピアとは反対に、国家の消滅の移行期の形態は「支配階級に組織されたプロレタリアート」になるであろう。

しかしマルクスはその形態を考案しようとはしなかった。彼は階級闘争の現実の経過を観察し、コミューンにおいてその「ついに発見された形態」を見出すことで満足していた。革命によって開始されたこの移行の時期においては、「特別な軍事的官僚制的機構」は不要なのもとなるだろうが、交換と分配を見積もることは依然として必要であったのだ。

「国家の全面的な消滅」が議事日程どおりに起きるのは、無料の住宅が分配されることが可能になった時にのみである。*原注(3) それまでの間、プロレタリアートのディクタトゥーラが確固たる「国家の形態」をとる。マルクスが無政府主義者たちの主張にたいして論争したのはレーニンが強調したように、国家の消滅という考えを非難するためではなく、もし必要とあらば強制され組織された暴力を「すなわち国家」を、しかしながらエンゲルスがコミューンにかんしてそれを名付けていたような「本来の意味での国家」ではもはやない国家を使用することの拒絶に対して、批判するためであった。

レーニンにとっては、マルクスやエンゲルスと同様、国家の問題は、つまりは暴力と力の組織としてのプロレタリアートのディクタトゥーラの問題と不可分であった。「多くの人々の集団を導いていくのと同様に搾取者たちの抵抗を抑えるため」にそれは必要であった。この「ディクタトゥーラ」が階級の性格を帯びるとしても、それにもかかわらず同業組合的専横のようには理解されない。*原注(4)「国民を丸々社会主義に導く」ために権力を握ることが肝要なのである。この定式はヘゲモニーの概念を呼び起こすが、これはグラムシがそれに新しい戦略的重要性を与えるよりずっと前にロシア社会民主主義のもとで、労働者と農民の同盟下におけるプロレタリアートと農民との関係を規定するために通用していたものである。

「大生産のもとで果たす役割によって、プロレタリアートのみが勤勉かつ搾取される立場にありながらも自分たちの解放のための独立した戦いが不可能な全ての階級の指導者たりうる」ことを忘れずに歴史的ブロックを形成することが必要である。

それこそまさに一九二一年の労働者反対派[＊訳注(4)]の指導者たちとの論争の対象になるであろう。

アレクサンドラ・コロンタイにとって、この紛争は当時労働組合の役割をめぐる対立以上に進んでいった。党指導部は「社会的に不均質である願望」に適応すること、専門家の援助を求めること、権限を職業化すること、「ブルジョアジーに特有の個人主義的概念の具現化である独特の管理体制」に都合の良い方法で追及すること、などを強いられていた。

さて、「生産に実際に結びついたその唯一の者が生きた革新を産業にもたらすことができる」。

経済の領域でプロレタリアートのディクタトゥーラの創造性を誰が実現するべきなのかと彼女は説明を求める。「本質的にはプロレタリアート的な連合組合の機関が行うのか？」それとも「その反対に、生産的な活動との活発な関係もなく、そして社会的に入り混じった内容を加えた国家の行政が行うべきなのか？」「ここに問題の核心がある[＊原注(5)]」。

「雑多」あるいは「社会的混合からなる構成」あるいは「我々の党がその中で回り道をすることを余儀なくされる不均質な階層」から生まれる不安が幾度となくコロンタイにペンを取らせる。

あたかも彼女がヘゲモニーの照準のない、純粋な（労働者の）プロレタリア革命というものの夢を見ていたかのように。

労働者反対派は「権力の職務上の危険性」と、党の管理中枢が未だ見て見ぬふりをしている官僚化に注意を喚起する。つまりは「官僚政治は我が党の奥深くまで浸透し、ソヴィエトの機関を貫いて蝕んでいる」厄災である。同派は所有関係の変更は、労働における労働による疎外に取り組むことで、もしそれが生産それ自身の再組織と結びつかなければ、不十分であることを強く感じていた。つまりは「労働者反対派の功績は、労働者たちの生活条件の組織化を、いわゆる些細で重要ではないあらゆる要求事項も含めて国民経済計画にもたらしたことである。生産の増大は、同時に新しい合理的で共産主義的な基盤に立った労働者の生活条件を組織化することなしには不可能[*原注〈6〉]」である。

その結果、労働者反対派は労働組合の役割を、彼らに経済的生活の指揮を託す代りに大衆や共産主義の学校の教育ための指導の役割に引き下げることを批判した。

レーニンがコロンタイとシリアプニコフの異議を通して反論したことは、実際には統括もなく一部の地域と企業の利益をもたらし、かつ、全般的利益を引き出す結果にはならないソヴイト民主主義の同業組合的概念であった。この細分化した諸々の利害関係が反発し合い、これを中和する政策においてひとつの官僚的ボナパルティズムが地方分権的自主経営、および「全人民」のために主導する計画のない民主主義経済のシステムを張り巡らしに訪れることは避けられなくなるであろう[*原注〈7〉]。論点はつまりは、「現実の動き」の中での地域的、あるいは細分化的に登録された実地の重要性ではなく、階級関係の封じ込めを続ける政治権力がある限りはその限界に焦点があてられるのである。

有名なマルクスからワイデマイヤーへの手紙を引用すれば、レーニンはプロレタリアートのディクタツーラを「マルクス主義の理解や認識を試す」ことのできる試金石とみなしている。それは「前代未聞の民主主義の拡大」を意味するが、単なる拡大に限られるものではない、なぜならそれは同時に抑圧者たちの抵抗を力で粉砕しなければならないからである。つまりは国家という形が留まっている民主主義は、同じ国家という名前で、それとともに消え去る運命にあるのだ。それについてレーニンは結論する。「資本主義の体制下でもプロレタリアートのためのより良い国家の体制」としての民主共和制なら我々は支持する。

しかしどんな国家でも、ドイツ社会民主主義者たちが主張するのとは反対に、「自由で大衆的な」と宣言されることは不可能である。

民主共和制は、「プロレタリアートのディクタトゥーラに通じる最短の道であり」その過渡的な形は限りなく多様であろうがその「本質」は同じままである。*原注〈8〉

資本主義社会では、民主主義は富裕層のための民主主義である一方、プロレタリアートのディクタトゥーラは人民のための民主主義を創りだすはずである。一方から他方への移行期には「消費財の分配は必然的にブルジョア国家を前提とする」。

したがってこの国家は存続するが初めのうちは「ブルジョアジーの居ないブルジョア国家」としてである。レーニンはロシア革命から生じた国家の形を今までにない方法で発想するのにこの逆説的な形式を用いるであろう。しかし「ブルジョアジーの居ないブルジョア国家」は、だからと言ってそれほどまでにプロレタリア国家ではない。そこは、その上に権力の職業的危険性が育くまれ、それに保護されて社会の官僚制の肉瘤の新しい形が育つ温床ともなっていくのである。

そうしたことから『国家と革命』でレーニンは正統マルクス主義の「議会主義的クレチン病」とは

決定的に縁を切った。しかしながら彼は管理に関する思考はそこに留めておいたのである。このようにして彼は、カウツキーを継いで社会主義社会は「もはや労働の平等と、賃金の平等に携わる事務所、唯一の作業所でしかなりえないであろう」と想像したのだ。

この定式は、エンゲルスが国家の消滅は、単純な「物事の管理」（サン・シモン主義者からの借用）のための政治の消滅を意味することができるであろうと示唆した諸節を想い起こさせる。言い換えればそれは社会管理の単なる技術で、そこでは供給の余剰分が、優先権をめぐる反対者との討論によって確立されるべきこと、選択すべきこと、多数性の場としての政治を活用すべきことが免除されているように理解されている。

ドイツ社会民主党の指導者たちにとっては、郵便事業はすぐれて「社会主義的企業のモデル」であるとされていたものである。「これほど適切なものはない」とレーニンは豪語した。なぜなら「社会の運営の機構はすっかり準備されていた」、あるいは「素晴らしく設備が整っていた」からだ。[*原注(9)] 後にテーラーシステムへの彼の賞賛の中に再見されるそのような高揚感は、彼にとっては国家の官僚機構の破壊は、労働の分化にも、彼の懲戒すべき官僚政治組織とも殆んど競合しないことを示している。要するにあたかも生産機構は現状のままで、それを変えるべくことなしにそれを「手中にすれば」十分であるかのようにレーニンは彼の経営管理上のユートピアに固執する。彼は国家と政治的権力が姿を消す時には、「公共的機能は政治的性格を失って、単純な管理機能に変化する」とまで想像する。[*原注(10)]

肝心なことは、国家の消滅にとどまるだけでなく、「物事の管理」の中でその機能が溶解する可能性のあるまさに政治のことなのである。

よくあることだが、外見上の自由なユートピアは権威主義的ユートピアに裏返しになる。「社会全体が、ただの事務所であり、唯一の作業所」でしかないかも知れないという夢は、実際はその機能の合理的でよくできた組織を想起させるだけである。

同様に、「全人民の連合」として着想された「プロレタリア国家」は、階級、党、国家の全体主義的混乱と、この連合のもとでは労働者は自分に向かって行うのだからストライキをする必要性はもはやないであろうという考えに容易に導かれうる。革命的情勢下での第二インタナショナルの合法的議会主義の首を絞めようとしながら、レーニンは別な意味での批判で指揮棒を捻じ曲げることになる。

彼はたしかに議会的幻想とは縁を切ったが、同時に移行期の国家の政治形態について思考することを自分に禁じる。これはローザ・ルクセンブルクがロシア革命についての友好的建設的批判のなかで強調した盲点であった。彼女は一九〇六年、「ローテ・ファーネ」〔赤旗―スパルタクスブントの機関紙―訳注〕で、通常の批判とは反対に、ブランキズムとボルシェヴィズムの根本的な違いを明らかにする。「今日ボルシェヴィキの諸君がプロレタリアートのディクタトゥーラについて語っているとすれば、彼らは旧いブランキストの意味で言っているのでは決してなく、自らが権力を獲ることを夢みているナロードナイア・ボリア〈人民の意志〉の誤りに陥ってしまったのでは決してない。彼らはその反対に、実際の革命がプロレタリアート、すなわち革命的階級の全体が国家機構を抑えた時にその表現を見出すであろう」ことを確信したのだ。

彼女にとってはプロレタリアートのディクタトゥーラとは階級にとって代わる少数派のそれではありえない。彼女が広い意味でプロレタリアートのディクタトゥーラの概念を完全に受け入れるとしても――「どんな革命でもある階級のディクタトゥーラとは別なやりかたで完遂されることはない」――ロシアの社会民主主義者たちにも警戒を促す。

「おそらくどんな社会民主主義者でもプロレタリアートが権力を持ちこたえられうるという幻想に引きずられることはない。もし仮に権力を持ちこたえたとしても、その時は自らの階級という概念の制御を伴うであろう。

プロレタリアートの力はそこでは現在のところ十分ではない。なぜならプロレタリアートとはその言葉の最も厳密な意味においてロシア帝国のもとではまさに社会の少数派を構成しているからだ。

一方、社会主義の理念は当然のこととして少数派の支配を排除するがゆえに、少数派による社会主義の実現は無条件に排除されるのだ[*原注(11)]」

ツァーリズムの倒壊後は、権力は「社会で最も革命的な部分、プロレタリアート」に帰着するはずであろう。そしてそれは全ての地位を奪うであろうが、憲法制定議会のみが人民によって選ばれた立法機関として唯一の決定権がある新政府において、権力を預けるために合法的に召喚された手の内にそれが納められない限りは警戒体制のままで続くであろう。

ローザは予想する。このような議会では、社会民主主義者はまず多数を占めることはなく、むしろ農民民主派と小ブルジョアジーが多数となるだろう。

この一九〇六年の論文はロシア革命についての一九一八年の有名な小冊子〔『ロシア革命論』――訳注〕を先取りしている。

同じ年に出された「国民議会または評議会の統治」と題する論文で、ローザ・ルクセンブルクは改めて社会主義者の大部分を戦争における神聖同盟の政治に導く議会的クレチン病を糾弾する。「議会の道によって、たんなる多数の決定によって社会主義を実現すること、それは牧歌的計画である」。だからと言って彼女は一九〇四年に体制内外での行動を結合させる必要性、「プロレタリアートの議会外での行動を強化すると同時に我々の国会議員の議会での行動を明確に組織することの必要性」について書いたことを諦めたのではなかった。*原注(12)

一九一八年の小冊子の中で、彼女はドイツ社会民主主義の正統社会主義者たちとは反対に権力を獲得せんとする国際的なプロレタリアートに敢えて道を開いたロシア革命とボルシェヴィキたちを歓迎した。このことによってヨーロッパの革命家たちのためにまず初めにドイツ人たちが開始しなければならなくなったその責任を彼女は強調した。

「ロシアにおいては問題は置かれている状況でしかなかった。それはロシア国内では解決されなかった。その意味では将来は至るところでボルシィヴィズムにかかっているのだ」

マルクスとエンゲルスの戦略的思考に忠実に彼女にとってはロシア革命の将来は、広大な規模で、ヨーロッパと世界の舞台で演じられる。それでもロシアのボルシェヴィキたちも責任の一端を負わねばならないことに変わりはない。『ロシア革命論』の最初の部分で、ローザ・ルクセンブルクは農地改革と国内問題での彼らの方策を批判する。

社会的土地所有をではなく、農民の土地私有の新しい形を創造することでの大土地所有の細分化は、「農村での社会的不平等を増大させ」新しい農民小ブルジョアジーを大量に生み、その利益は必然的にプロレタリアートの利益との矛盾に陥らざるをえない。

同様に、ツァー帝国の民族にたいする自決権の一般的適用は、「分離主義」が「完全にブルジョアジーの罠」であるがゆえに、これらの抑圧された民族における支配階級の「民族自決権」に帰着することでしかない。だからレーニンとその同志たちは「そこから政治的要因を作り出すために何人かの大学教授や学生のような気どりをわざと誇張したのである」*原注〈13〉。

ボルシェヴィキたちは、農地政策や民族政策に関しては過大な民主主義的幻想によって誤りを犯したのであろうが、その一方、制度上の問題については民主主義の賭けを見くびってしまった。憲法制定議会の解散をめぐる論争が証明したことがまさにこのことである。

この議会は一九一七年の二月から一〇月の間にボルシェヴィキたちによって絶えず要求され、議会選挙の直後に彼らによってソヴィエトの尊大なる合法性の名において解散させられた。その選挙の形式からしても国が与えていた変形したイメージからしても革命のダイナミズムには疎い「時代遅れの、したがって生まれたばかりの死である憲法制定議会はこわさねばならない」という議論にローザが聞く耳をもたなかったのではない。

そうではなく、「新しい憲法制定議会のために新しい選挙を遅滞なく命じることが必要だったのだ！」

ところでレーニンとトロツキー（彼は一九二三年の小冊子『一〇月の教訓』のなかで）はとりわけオーストリア＝マルクス主義者たちによって称賛された「複合型民主主義」のどんな形でも方針として拒否する。トロツキーはジノヴィエフとカーメネフが制憲議会とソヴィエトを協調させようとして「国家機構に関する術策」の名において一〇月の蜂起に反対するのを非難する。党において制憲議会を偶像化する彼らはトロツキーらの目から見れば蜂起の決定を目前にして、形式的合法主義によって躊躇することと同じである。

技術としての蜂起のレーニンによる定義は、――彼は強調する――蜂起の準備と主導権は党の責任に帰するものであり、ソヴイエト大会による権力獲得の法的な批准は事後的にしか生じえないという内容を含んでいる。

一〇月の蜂起が、「ソヴィエト主義者の軌道に引き入れられ、第二回ソヴィエト大会と結びつけられた」としても、トロツキーにとってはそれは「原則問題ではなく、実践的意義がいかに大きかろうと、純粋に技術的な問題なのである＊原注〈14〉」。

軍事的決定と民主主義的合法性と間の激突は、党と国家の間のだけでなく革命による例外的国家と民主主義的ルールとの間のそれぞれの機能についての混乱をもたらすのに好都合であった。

ドイツで生活し、すでに確固とした議会政治的生活の経験を積んでいたがゆえに、ローザ・ルクセンブルグの問題の取り扱い方には著しい相違がある。彼女は制憲議会を解散するためのボルシェヴィキの前進的な論拠には同意するが、例外と規則との間の混乱を懸念している。

「危機は、必要に駆られて彼らボルシェヴィキの指導者たちが理論の全ての点で、避けがたい条件下で彼らに課せられた戦術を固定化し、それを国際的プロレタリアートに社会主義者の戦術のモデルとして提案しようとするところから始まる」

制憲議会をめぐる問題のかなたに賭けられているもの、それは彼女の目から見れば社会主義的民主主義そのものの活力と有効性である。

彼女が強調したのは、畏か影絵芝居に縮約されてしまう可能性のある世論のもつ重要性である。

歴史的経験が示しているものは「それとは逆に、世論が代表機関を絶えずとりまいて渦巻き、そこに浸透し、方向を決定することである」。

「そうでなければ、どんなブルジョア的議会でも、時には「国民の代表」が突然新しい精神に鼓舞されて、全く予想外の発言をする時に我々に見せつける愉快な跳ね上がりを説明できようか？　干からびたミイラのような人たちが若返った尊大さを見せ、あらゆる種類の小シャイデマンのような連中が工場や作業場や街頭で怒りの声が高まってくると突然胸の高鳴りを覚えて革命的な精彩を見せるというようなことが、説明できようか？」

「世論や大衆の政治的成熟によるこうした絶えざる生き生きとした行動が、革命の最中では政党の旗評や選挙人名簿といった杓子定規的な形式の前では放棄されねばならないのだろうか？　全く逆だ！

まさに革命こそがその灼熱した沸騰によって、世論の波が、民衆の生活の脈波が代議体にたいして

瞬間的に驚くべき影響を与え得る微動的で感受性の強い政治的雰囲気を作り出しているのである」*原注〈15〉

革命家たちがしなければならないのは、この「民衆の生活の脈波」を締めつけることではなく、それを鼓動するがままにしておくことである。それは民主代議制の重苦しい機構にたいする矯正的な力を持っている。

「民衆の政治生活の脈波がより速くより強く打てば打つほど、政党の紋切り型の表現や時代遅れの選挙人名簿などにもかかわらず、それはより直接的でより確かな影響を及ぼすことになる」

たしかにどんな民主主義的な制度でも、どんな人間の制度にも付きものの限界や欠陥がある。

しかしレーニンとトロツキーが発見した治療法――民主主義をはっきりと抑圧する――は、それが治すはずの悪よりももっと悪い。つまりそれは社会制度に付きものの不完全さを是正する矯正策が噴出したであろう生き生きとした源泉、積極的でエネルギッシュな政治生活を、人民大衆の大多数の足枷なしに閉ざしてしまうからだ。

この失策は報いを受けるであろう。スターリンの贈った刺客のピッケルで中断してしまった『スターリン伝』の中でトロツキーは、ロシアの内戦がどれほど権威主義的な蛮行と官僚政治的な指揮の教育機関であったかを認識した（ヴォロシーノフ*訳注〈5〉と帝政派のグループが明白な証拠である）。

だからスターリンはこういった指揮方法を彼のやり方に再生するのに何の苦労も要しなかったのである。しかし一九二一年に、内戦が実質的には勝利をおさめ、例外的国家が、戦争で荒廃した国の物質的条件下でも出来る限りの民主的生活が開花するために終焉せざるを得なかったであろう時に、トロツキーは逆に生産競争を先導するための「労働組合の軍隊化」を企図したのである。彼に成された悪評とは反対に、レーニンはその時、国家を前にしての労働組合の独立には極めて敏感な姿勢を示した。

それでもそのことは、新経済政策（NEP）への転換が論理的には見えたとしても、新しい民主主義的なコースにはつながっていないことにはかわりはない。

だからローザの諸警告は、思い返してみるとその全てに意味があると言えよう。

彼女が一九一八年から危惧していたことは、例外的な政策は、一時的には正当化できても、ある階級が他の階級を支配する機関としての国家の全くの道具となる構想の名目において、原則とはならない。これでは革命は持ち手を替えたことに甘んじているにすぎないということである。

「レーニンは言う。ブルジョア国家は働く階級を抑圧する道具であり、社会主義者の国家はブルジョアジーを抑圧する道具である。そこにはある種の逆資本家の国家がある。これでは言わば逆の資本家の国家である。この割り切った見解は本質を言い落としている。

すなわちブルジョア階級が支配権を行使できるためには全人民大衆の政治的訓練や教育を全く必要としない。少なくともある一定の狭い限度以上にはである。プロレタリアートのディクタトゥーラにとっては、そこに生命の源が、それなしには存在することができないであろう息吹がある*原注(16)」

新しい社会は事実、数百万の男女の実際の経験の中から使用説明書なしに考え出されたはずである。ところで政党の綱領とは「方向を示す大きな標識」を提供しているに過ぎない。

さらに言えば、これらの標識は指示命令的な性質というよりはむしろ表示や注意というような指標的な性質でしかない。

社会主義は上から授けられるようなものではない。たしかに「それは私有財産権などに対する一連の強制的な措置を前提としている」。

しかしたとえ「否定的な局面、つまりは破壊」については命令することができたとしても、「肯定的な局面、つまりは建設、新開地や数限りない問題」についても同じように命令することはできない。

この問題を解く鍵は、最も広い自由、大衆の最大多数の最も広範囲な活動が必要になるということである。ところで自由とは「それは常に、思想を異にする者のための自由である」とローザ・ルクセンブルクは主張する。人の士気を挫くのは自由ではなく恐怖政治であると。「普通選挙がなく、制限のない出版と結社の自由がなく、とらわれない言論の闘いがなければ生活はすべての公共制度のもとで衰弱し、細々としたものとなり官僚制だけが唯一の活発な要素として残る」。

それでもやはり、レーニンは自分自身では『国家と革命』のなかで政治的民主主義の社会的機能性を垣間見ていた。抑圧された民族の自決権は資本主義のもとでは実現できず社会主義のもとでは無用のものとなろうとするあるマルクス主義者たちに対して反駁していた。

「こうした表向きは明敏なように見えるが実際には誤った論理は、どの民主主義的制度についても当てはまるだろう。なぜなら厳密に徹底した民主主義は、資本主義のもとでは実現不可能であるが、社会主義のもとではあらゆる民主主義はしまいには消滅するであろうからである……民主主義を徹底的に発展させること、このような発展の諸形態を探しだすこと、これらの形態を実践によって試してみること、すべてこうしたことはしかしながら、社会革命のための闘争の基本的な任務を構成するものの一つである。別にして考えれば、どのような民主主義もそれが何であれ、社会主義をもたらすものではない。だが、実生活では、民主主義は、けっして別途に考えられるものではないのだ。それは全体の中でとらえられるものであろう。それは経済にたいしてもその影響をおよぼし、経済の改革を刺激するものとなろう*原注(17)」

二〇世紀を通じてずっと、革命の橋の下を沢山の水が流れた。社会的経験と人類学的探求が進むにつれて、国家に関する理論的接近も豊富になり、深められた。グラムシからフーコー*訳注(6)まで、そこにプーランツァス*訳注(7)、ルフェーブル*訳注(8)、アルバーテ、ヒルシュを容れても、その他にも多くが居る。とりわけフーコーは、権力の相関関係の系図に取り組みながら、国家が「統治の方法」または「政府中心型の別な形」以外の何物でもないというような内容の仮説を表明するところまで権力崇拝の正体を暴くのに貢献した。一六世紀以来、市民社会は「国家と言う何かの憑きもの」を、近代に特有の崇拝の対象としてしかるべき位置に置いてきたのかも知れない。

俗流フーコー主義はそこから今日、国家の歴史的な様相は、これからは流動的な社会の権力の網の中で解決できるであろうと結論し、したがって世界を変えるのにもはや権力を獲る必要はないであろうということなのである。

しかしフーコーにとっては、「国家の総括的な制度」を、張り出し部分として位置づけることもあるいはそれを否定することも問題ではない。もし彼の権力関係の理論が、ブルデュの専門領域のそれのように、支配とその反対の多数を掌握できたとしても生産の資本主義的関係による社会の再生産下では全ての権力が等しい役を演じるわけではないことに変わりはない。権力の組織と諸関係下では、他のいくつかよりももっと重要な核心が存在する。

最小国家と国家の撤退についての自由人にふさわしい誇張的言辞は、国家の抑圧的な機能の固い核と、生きた権力の仕掛けの配置における卓越した役割をなおのこと明らかに際立たせる。

大統領選挙のキャンペーンの最中にセゴレーヌ・ロワイヤル*訳注(9)によって主張された「公正な国家」をめぐる演説の幻想はその点においてより馬鹿げたもののようにしか聞えない。

権力関係の織物が解きほぐさねばならないとしたら、そしてそのためには息の長い経過を要するとすれば、国家権力の仕掛けは壊されるべきである。

ひとつの春から次へ

遺産争い――一九六三年二月にギ・デュボールとシテュアシオニスト（SITUATIONNISTE）たちは「歴史のごみ箱へ！」というタイトルの怒りに燃えたチラシを発行した。そこでは彼らはアンリ・ルフェーブルがコミューンについての彼等の理論的解釈を盗用したとして彼を非難していた。

「アンリ・ルフェーブルはコミューンについて書くのに、彼の仕事に役立つと思われるいくつかの覚書を数人のシテュアシオニストたちに要求したことがあった。これらの覚書は一九六二年の四月初頭に彼に提示された。

我々は収集庫の中で一般大衆にとって取りつきやすいような主題について基本的なテーゼのいくつかを彼に手渡すのが得策と考えた。我々とアンリ・ルフェーブルとの（ルフェーブルを国際シテュアシオニストのもぐりのように見せかけた全くの根も葉もない風聞を否定するための機会をとらえる）対話は『総和と余剰』（LA SOMME ET LE RESTE）や、そのかなり先ですら、ずっとさらに断片的なものであろうとも、彼の代表作である『日常生活批判』（CRITIQUE DE LA VIE QUOTIDIENNE）においても、我々に関わりのある多くの問題に対しての彼の重要なアプローチからして裏付けされていた」

ところで一九六五年に出版されることになっていた『コミューン宣言』に関するアルギュマン（ARUGUMENTS）誌におけるルフェーブルの本の本刷での予告出版はシテュアシオニスト達の目には「彼自身の理論的構想に必要な急進化とは正反対に向かう」彼の進化を示したものと映った。「つまりは、シテュアシオニストの諸テーゼが、その参照と引用を除けば、あたかも高飛車な問題提起の掃きだめの鶴のように、逆説的に彼らの敵の懐に多くの場所を占めているということを確認することになるのである*原注(18)」

その証拠に、チラシはそれに対応して、デュボール、コタニ、ヴァネゲムの署名したコミューンをめぐるシテュアシオニストの一四のテーゼを再発行し、そしてルフェーブルの論文がアルギュマン誌に「コミューンの意義（LA SIGNIFICATION DE LA COMMUNE）」という表題で紹介された。これらの論文が一九六八年の直前に発行されたことが政治的文化的な賭けをいかに鮮明にしたであろうか。だからこそ、シテュアシオニストたちは一九六九年九月にアンテルナショナル・シテュアシオニスト誌の第一二巻でテーゼを再版した。その序文では、ルフェーブルの本の中に（マルクーゼ[*訳注(10)]の『一次元的人間』〔L'HOMME UNIDIMENSIONNEL〕とともに）六八年の五月革命の主な教唆となるものの一つを見出していた様々な作家たちに対応する文が載せられていた。ルフェーブルについて彼らは彼を模倣者と比べて「思想の巨人」と完全に認めながらも彼が手の内を隠しているとして非難し、糾弾の文書を確固たるものにした。「その文書は長い間行方不明だったので——しかしだからと言って忘れられていたわけではない。なぜならナンテールの急進派学生たちがモーラン、ルフェーブルの講義を〝歴史のごみ箱へ〟と叫びながらサボタージュを始めたからだ。——我々はそれを再び流布させた方が賢明だと判断した」。

著者であることを承認するための争いは、思想がその時代の空中に浮遊して同時にいくつもの源から湧き出るものである以上、非常に無益である。しかしながらそのいくつかの過程は釈義と純然たるただの盗作の間を揺れ動いているのも真実である。シテュアシオニスト[*訳注(11)]たちにとって、コミューンの研究に立ち返ることはスターリニズムと、もっと広い意味で官僚主義的な現象の根本的批判に貢献するに違いないものであった。

「古典的労働運動を迷いを覚ますやりかたで、再び研究しなおさなければならない。様々な種類の政治的あるいは偽理論的相続者たちに関してとりわけまずその幻想から目を覚まさせるべきである。なぜなら彼らは挫折の遺産しか持っていないからである。この運動の見かけ上の成功は根本的な挫折（改良主義もしくは国家の官僚主義の権能を設置すること）であったし、挫折（パリ・コミューンもしくはアストゥリアスの蜂起）は今日に至るも我々にとっても未来のためにも展望のある成功であった」

実際、一八七一年の春には「反徒たちが〝統治〟のための政治的決定権のレベルというよりはむしろ、彼らの日常生活のレベルにおいて、彼らを彼ら自身の歴史の主人公にしたというような印象を受ける」、つまりは「コミューンは一九世紀最大の祭典であった」。

その上、コミューンは「今日の我々に至るまでそれは生活の支配的構造の硬直化した特徴を持つ分野に挑みながら、政治的表現での社会的空間を認識しつつ、あるひとつの歴史的建設物だけが無罪であるとは信じずに革命的都市計画の唯一の実現化を果たしたものである」。つまるところ「コミューンがひとつの契機となった社会的戦争は今でも続いている（表面的な条件は大いに変化するであろうが）。〝コミューンを意識していない傾向を自覚的なものにする〟（エンゲルス）仕事のために最後の言葉はまだ発せられていない」。

もしルフェーブルが自らの責任で、シテュアシオニストたちとのわずかな出会いの中で、間違いなく生まれたであろう思考や表現方法を再び取り上げたとしても、それらは彼自身の観念の範囲に十分に組み込まれるものであると言える。重要なのは二重の権力と、例外的国家のプロレタリアート的形式としてのプロレタリアートのディクタトゥーラの問題、或いは戦略的作戦の舞台としての都市の変貌なのである。

コミューンは実にその賭けが国土の首都であった反乱による権力のひとつの二重性を表した範例である。それはヴァンドーム円柱の転落に象徴される空間的なヒエラルキーの転倒、「水平線的な瞬間」であった、とクリスティン・ロス*訳注(12)は強調する。

「市庁舎を占拠し、ヴァンドームの円柱を破壊した労働者たちはパリの中心で〝彼らの陣地〟に居たわけではなかった。彼らは敵の領土を、支配的な社会秩序に割り当てられた特別な場所を占拠していたのだ」*原注(19)

コミューンのもたらす空間の社会的取得と日々の生活の変貌は合法性と正当性をめぐって繰り返される政治的争議の極端な形態である。一八七一年三月四日に掲示という手段でパリの人たちにその存在を発表した時、国民軍中央委員会が法律上の政府にたいしてすでに事実上の政府を構成していた。すでに合法的に選ばれた区長や助役が居たにもかかわらず、それは一八七一年三月一九日に攻囲を解き、新しい選挙を組織することを決め、新政府権力として自らを任命したのである。

だからと言って新しい革命の現実と中央委員会が絶えず拠り所として求める合法性との矛盾は乗り越えられたわけではない。政府との権力の二重性は中途半端にしか解決できなかったので中央委員会の心中には再び緊張が高まった。「この中間状態は中央委員会のメンバーたちが、そこには断固とした革命家たちやインタナショナルのヴァルランも含まれていたのだが、市の政体や政府の政体という決定的な選択権を前にどれほどまでに躊躇していたのかを証明している。軍事行動を控えるのと同時に区長たちと裏取引をしたことは大きな政治的失点であり、このことはティエールを勢いづかせることになった[*原注(20)]」。「我々は形式的手続きを簡略化している」と、ブランキストのラウール・リゴールは権利の名において抵抗した警察高官を三月二〇日に解任するさいにそれでもあっさりと答えている。

それ以来、「都市のなかに一つの都市」（リサガレイ）が、その上、「権力の二重性の多発」（ルフェーブル）が見事に存在することになった。これは既存の制度と国民軍の間のことにとどまらず革命運動の只中ですらそうだったのである。

蜂起した都市

ルフェーブルとシテュアシオニストたちとの共通の第二の大きな関心事は、戦略的舞台としての都市のそれである。ルフェーブルによれば、一八七一年のパリ市民の蜂起は「人間らしい現実のための措置と規範を自らに打ち立てるための都市の偉大なる至上の試み」を表現するものである[*原注(21)]。なぜなら都市は既に、「膨張」し始めており、近郊に向かって「破裂」寸前であったからである。「経済計画による産業化と政治計画による国家は都市を支配し、その心臓部をおびやかし都市の周辺部に向かってそれを破裂させる」。

「度を越したことが作り出されている。都市は人間の力量のほどを示すことを、つまり模範的な作品に組み込まれている道理であるその寸法に収まることを止めようとしている」もはや、「金と資本の作為に迫られて」パリは「その肉体ではない肉体の上に巨大な頭を持った怪物のように」なっている。

際立った反響を呼んだパリをめぐるヴァルター・ベンヤミン[*訳注(13)]の先駆的な書『一九世紀の首都』(CAPITALE DU XIX SIECLE)からその素晴らしい延長上にあるデヴィド・ハーヴェイ[*訳注(14)]の『パリ、現代の首都』(LE PARIS, CAPITAL OF MODERNITY)まで。その間にはクリスティン・ロスの非常に美しい作品である『社会空間の出現』(EMERGENCE OF SOCIAL SPACE)、『ランボーとパリ・コミューン』(RIMBAUD AND THE PARIS COMMUNE)がある。そしてエリック・アザン[*訳注(15)]の『パリの発見』(L'INVENTION DE PARIS)。

都市はパリンプセスツ〔何重にも書き重ねられた羊皮紙—訳注〕になった。技術と建築学の革新に伴ってその上に彫り込まれたものは、空間の社会的変貌、地代収入の変動とその結果である住宅問題、「石材の移動」と戦略的な改修、つまり現代の象形文字である[*原注(22)]。

ハーヴェイがどれほど文学で(ディケンズやボードレールを通じてバルザックからランボーまで)政治体制がこの街のイメージに結びついているのかを強調することか。しかしフーリエ、カベ[*訳注(16)]、またはプルードンのユートピア的小宇宙からマルクスまで、ヴィクトリア朝時代のグローバル化における技術と都市の革命——鉄道輸送、電信機、汽船による航行、市場の連携、銀行と証券取引所による金融決済、などの猛烈な飛躍――は都市と地方の関係を激変させ、戦略的規模での変更をもたらす。「ボードレールはその日記の中に書きとめた。ナポレオンⅢ世の最大の功績は電信機と国の刊行物の管理統制を確保するなら誰にだって大国を統治できることを証明することになるであろうということである」

さて一七九二年のコミューンから一八七一年のそれにかけて、一般的には都市、とくに首都はすぐれて蜂起の戦略の、および社会的に相容れない二つの権力の応酬の舞台であった。どんな反乱でもパリの中枢を抑えないで権力を獲得できたことはないとエンゲルスは強調している。一八三二年に反徒たちはサン・ドゥニ門とシテ門に重要な二つの柵を設置して「ブルジョアのパリ」に「労働者のパリ」の領域を限定し始めた。首都はまさに事実上国の中枢であり、権力の集中する所である。経験は一度ならず「パリと共に陥落したものは全フランスである」ことを証明した。*原注〈23〉

しかし二〇世紀になるにつれて改修計画はコミューン、人民戦線、フランスの解放、おまけに六八年五月の幽霊を追い払うのを止めることはなかった。歴史的記念物の建立や、他を圧倒する商品の魅惑的な展示会のために人々のエネルギーである首都を空にしてそこでは都市が「自らを食べつくして」しまうことになる……「私たちのそばで粉々になって飛んで行ってしまう」まで。*原注〈24〉

デュボールによれば、閉ざされ監視された小島に分割された都市は街路を廃止し、それは蜂起や衝突の機会の終わりを意味した。だから「我々にとってあれほど自由であったが、完全に敵の手に落ちようとしている都市を間もなく放棄しなければならないだろう」。

ところで蜂起した都市の範列はパリがその象徴だとしてもパリだけに特有のものではない。ペトログラードの、ベルリンの、ハンブルグの、バルセローナのコミューン、おまけにアルジェの闘い、アルゼンチンの「コルドバーゾ」を想い浮かべていただきたい。[*原注〈25〉]

しかし一九六五年のロス・アンジェルスの幾つかの地区での反乱（ワッツの暴動）[*訳注〈17〉]は、二〇〇五年のフランスの郊外でのそれのように、すでにもうひとつの都市の範列に属している。そこでは都市の近郊と中心都市が排除と敵意の関係を結んでいるのだ。デュボールはすぐさま一九〇五年八月のカリフォルニアでの騒動の新しさを感じ取った。

しかし反徒たちは彼らがすでに良く解りきっている彼らの動機を彼らに説明しようとする如何なる者も必要としていなかった一方で、デュボールはあたかもそれが動機の表明もほとんどない暴動が論点になっているかのようにワッツの「反徒たちを正当化すること」だけでなく、さらには彼らに彼らの正当な理由を与えることの必要性を感じたのである。

もし彼がこのように自発的な暴動の複雑な原動力を恣意的に理にかなったものにしようとしていたのなら、それでもそこからいくらかの予兆的な感触を引き出していた。

その内容とは「明日の希望のない商売人であるワッツの若者たちは、現在進行形のもうひとつの価値を求めた」暴動を通して「ワッツ」の出身であることの恥から奢りへということである。[*原注〈26〉]

しかしながら蜂起もまた見世物となるのである。言い換えれば「存在していることの平和的承認もまた完全に見世物である暴動と同じように結びつけることができる」ということである。すなわち不平不満という現実そのものが商売道具となり、支払い可能な対象となったがために。＊原注〈27〉地域全体に拡がった自ら放ったウイルスの暴力は周辺地域と突撃あるいは略奪の数々の粗野な「襲撃」の対象となり、あかの他人となってしまった中心地域との決別をみとめたのだ。

「一八七一年三月二二日の官報は人民主権に敬意を払わせるのはパリの役目であると布告していた。パリは最終的にフランスの首都であり、民主共和国の頭脳であり心臓であったし、そう留まるべきである。だからこそパリは、コミューン議会（CONSEIL COMMUNAL）選挙を実施し、全ての民主主義都市にふさわしいように自らを自らで統治し、全ての市民から成り、直接普通選挙でその長を選ぶ国民軍の力を借りて自由と平和を見守るという揺るがざる権利を手にしているのだ」

しかしながら人民の主権は制度や政体のようなものではなく、憲法制定の権限に基づく譲渡不能な権利の行使、言い換えれば民主主義のダイナミズムであり発展的な転覆的戦略である。民主主義はまた空間の組織化、占拠でもある。

デュボールの定式によれば、「パリの破壊」はただ単に戦略的な帰結を含んでいるのではない。それは街にたいする知覚的、感情的、想像的関係を修正するものである。

その各地区もまた「それぞれの魂の在り方」である。そして空間の社会的分割はひとつの街を「心的に分断された幾つかの地区」（ZONES DE CLIMATS PSYCHIQUES TRANCHÉS）へと分割するのだ。＊原注〈28〉コミューン下のパリは数週間とは言え、まずは自分がヨーロッパ合衆国の首都であることを望んだ。そしてその先に世界的な人類の連合の中心であることを欲したのである。「パリはもはや存在しない」と、デュボールは一九九〇年に認めていた。
街のない市民か？　市民の居ない街か？と。
コミューンは不調和な時間と空間が連絡し結びついている。そしてそれと同じくらいに政治的な動機が窮屈に入り混じっている。それは外国人の占領に対する愛国的な反乱の運動であり、ヴェルサイユに対する共和制的世論の高揚であり、寄生的国家に対する反徒の運動であり、ブルジョアジー、資本に対する革命的運動であった。多様な矛盾の沈殿物であり、可能性に比例して並はずれたものであった。
「コミューンは、行動において、可能と不可能を先取りした。したがってその適用不可能な計画や決定でさえもが政治的意志という状態を保ちつつまるで連邦の計画であるかのような深い意味を秘めていたのである」*原注〈29〉
だからこそまたコミューンは常に「現在性を有する」のである。
「それはヨーロッパと産業化された国々における長きにわたる革命的な運動の危機を告げた。それは一八四八年からスペイン内戦に至るまでの歴史的時代を特徴づけたものである。そして同時に、この時代を越えてもその無垢なスタイルで最も深く、最も持続性のある世界革命の要求を私たちに提案しているのかも知れない」*原注〈30〉
パリのコミューン――それは一件落着したものと見做されるべきものであろうか？

〈原注〉

〈1〉レーニン『国家と革命』著作集XXV巻　モスクワでの出版　P419

〈2〉同　P439

〈3〉同　P470

〈4〉ルソーと、一九世紀の全てで、ディクタトゥーラの用語は敬意を表すべきローマの制度を想起させる。それは当時委任され、制限された例外的な権力であり、反対に絶対的で専制的な権力を意味する独裁政治あるいは暴政の観念とは相反するものである。

〈5〉アレクサンドゥラ・コロンタイ〔Alexandra Kollontai〕『労働者反対派』〔L'Opposition ouvrière〕パリ　スーユ社〔Seuil〕P50　1974

〈6〉同　P61

〈7〉トロツキーとブハーリンにとって労働組合管理がもたらすものは、「製作所や工場の細分化であり、中央集権化された経済機構の破壊、そしてついには経済生活を巡る党の支配的影響力であろう」。言い換えれば各工場や各地域の個別の利益のかなたで、全体的な利益や意欲を引き出せない同業組合的民主主義に至るであろう。この異論が正当であるためには直接的生産者の限られた範囲を超えることを可能にする政治的諸媒介（および多元的な討議）を定義することを含んでいなければならなかったであろう。この意見表明はその反対に、政治とその媒介を、もはや階級および国家と一心同体となったと見做される唯一の党の一望的視野に縮小するということを予想させる。

〈8〉レーニン　P481

〈9〉同　P461

〈10〉同　P473

〈11〉ローザ・ルクセンブルグ〔Rosa Luxemburg〕『ブルジョア国家と革命』〔L'Ètat bourgeoie et la

Revolution〕パリ、ラ・ブレーシュ版〔La Breche〕1978

〈12〉同

〈13〉ローザ・ルクセンブルグ『ロシア革命論』著作集Ⅱ〔La revolution russe in œuvres II〕パリ、マスペロ小コレクション〔petite collection Maspero〕1971

〈14〉トロツキー〔L. Trotski〕『一〇月の教訓』〔Les Lecons dOctobre〕「赤い古典」〔Classique rouge〕パリ、マスペロ〔Maspero〕1971

その混乱は例外的国家の絶頂的形体以外の何物でもない内戦の緊急性に迫られて起草された小冊子である『テロリズムと共産主義』において頂点に達する。

〈15〉ローザ・ルクセンブルグ『ロシア革命論』

〈16〉同

〈17〉レーニン『国家と革命』著作集XXV巻　モスクワでの出版　P489

〈18〉『歴史のゴミ箱へ！』〔Aux pobelles de l'histoire〕ギ・デュボール〔Guy Debord〕著作集〔œuvres〕パリ、クワルト・ガリマール社〔Quarto Gallimarad〕P625　2006

ルフェーブルの著作『コミューンの宣言』〔La proclamation de la Commune〕ガリマール社〔Gallimarad〕の一九六五年の「フランスを作った三〇日」コレクション〔collection〕「Les trente journees qui ont fait la France」の中で出版された。

〈19〉クリスティン・ロス〔Kristin Ross〕『社会空間の出現』〔The Emergence of Social Space〕ミネソタ大学　P42　1988

〈20〉アンリ・ルフェーブル〔Henri Lefevre〕『コミューンの宣言』パリ、ガリマール社〔Gallimard〕P286　1965

〈21〉アンリ・ルフェーブル　P32

〈22〉ヴァルター・ベンヤミン〔Walter Benjamin〕『パリ、一九世紀の首都』〔Paris, capital du XIX〕siecle　セルフ出版〔Editions du Cerf〕1989
　ダヴィッド・ハーヴェイ〔David Harvey〕『パリ、現代性の首都』〔Paris, Capital of Modernity〕ニューヨーク、ルートレッジ社〔Routledge〕2003
　クリスティン・ロス『社会空間の出現　ランボーとパリ・コミューン』〔The Emergence of Social Space. Rimbaud and the Paris Commune〕ミネソタ大学　1988
〈23〉エンゲルス「ポー河とライン河」
〈24〉ルフェーブル　同　P40
〈25〉ノイベルク『武装蜂起』〔L'Insurrection armée〕パリ、マスペロ社〔Maspero〕1971を参照のこと。
〈26〉ギ・デュボール著作集　P707
〈27〉同　P785
〈28〉フランスではまだあまり知られていないデヴィッド・ハーヴェイやフレドリック・ジェイムソン〔Fredric Jameson〕のような作家が、彼らの最も革新的な著作を捧げたのは「精神地理学上の」転移に向けてである。
　後者は『カルチュラル・ターン』〔The cultural Turn〕ロンドン、ヴェルソ社〔Verso〕1998、前者は『希望の空間』〔Spaces of Hope〕エディンバラ大学出版　2000、および『資本の限界』〔The Limits of Capital〕ロンドン、ヴェルソ社〔Verso〕1999
〈29〉ルフェーブル　同　P390
〈30〉同　P39

（訳注）

（1） 一八五二年三月五日のマルクスからヨーゼフ・ワイデマイヤーへの手紙 「近代社会における諸階級の存在を発見したのも、諸階級の経済的解剖学を叙述したのも、別に僕の功績ではない。ブルジョア歴史学者たちが僕よりずっと前に、この階級闘争の歴史的発展を叙述したし、ブルジョア経済学者たちは諸階級の経済的解剖学を叙述していた。僕が新たにおこなったことは①諸階級の存在は生産の特定の歴史的発展諸段階とのみ結びついているということ、②階級闘争は必然的にプロレタリアート独裁に導くということ、③この独裁そのものは一切の階級の廃絶への、階級のない社会への過渡期をなすにすぎない、ということを証明したことだ」（『マルクス　エンゲルス全集』第27巻　P407）

（2） アントン・パネクーク（1873―1960） オランダの天文学者として銀河の研究で業績をあげる一方、マルクス主義者としてドイツ社会民主党に招かれ両国の左翼共産主義者として理論的支柱となった。

（3） 『フランスにおける市民戦争』の第一草稿は一八七一年三月一八日のパリ・コミューン成立後の四月から五月にかけて、第二草稿は五月に書かれた。

（4） 労働者反対派　内戦の収束という現実に対応する産業の再建と社会主義建設の新たな方法をめぐって一九二〇年末から二一年初めにかけてロシア共産党（ボルシェヴィキ）内部で混乱と分裂の危機をともないながら行われた熾烈な労働組合論争のなかで「労働組合の軍隊化」を要求するトロツキーらの主張にたいし、労働組合が国家を吸収するのか、それともその逆なのかという問題を提起して生産点におけるプロレタリア大衆の権威の確立を通して破局に瀕した経済を再建することこそが問われているとしたシリャプニコフやコロンタイらを労働者反対派と呼んでいる。

（5） クリメント・ヴォロシーロフ（1881―1969） ソ連邦元帥。最高会議幹部会議長を歴任。一九三〇年代の大粛清のさいにスターリンの片腕としてこれを指揮した。

（6）ミシェル・フーコー（1926―1984）フランスの哲学者。ポスト構造主義で知られる。ニーチェ、ハイデッガーの影響を受け、真理を権力との関係での知の考古学に求める。アルテュセールの援助を受け一九五〇年フランス共産党に入党。代表作に『言葉と物』『狂気の歴史』『監獄の誕生』『性の歴史』など。

（7）ニコス・プーランツァス（1936―1979）ギリシャ生まれでフランスで活動。マルクス主義政治学者、社会学者。グラムシなどのイタリアマルクス主義の影響も受ける。歴史的変動は構造そのものに含まれる矛盾の把握によってしか求められないとして、階級と国家を中心とした経験的研究を行った。著書に『政治権力と諸階級』（邦訳　資本主義国家の構造）、『ファッシズムと独裁』などがある。

（8）アンリ・ルフェーブル（1901―1991）フランスのマルクス主義社会学者、哲学者。一九二八年フランス共産党入党し五八年除名。一九四〇年ドイツ占領下のヴィシー政権に教職を追われる。最終的にはパリ都市計画研究所教授。この間に多くの著作を書いた。代表作は『日常生活批判』（編）、『都市社会学』（編）、『カール・マルクスその思想形成史』、『総和と剰余』そして『パリ・コミューン』がある。この書の出版直後に出現した六八年の五月革命の震源地であったパリ第十大学ナンテール分校の社会学教授をしていたのがルフェーブルである。

（9）セゴレーヌ・ロワイヤル　二〇一二年六月のフランス総選挙で、オランド大統領の「元夫人」で下院議長の有力候補であったが、「現夫人」が社会党を除名された対立候補を支援することを表明したために「公正な選挙」を訴えたが落選した。

（10）ヘルベルト・マルクーゼ（1898―1979）ユダヤ系ドイツ人でアメリカで活躍した哲学者、評論家。第一次大戦後のドイツ革命に参加しその後フランクフルト学派に属したが一九三四年ナチスの追求を逃れてアメリカに亡命。管理社会批判で一九六〇年台の学生運動に影響を及ぼした。代表作は表記の他、『理性と革命』『エロス的文明』『ソヴィエト・マルクス主義』など。

(11) ギ・ドゥボールとシチュアシオニスト（1931—1994） フランスの著述家、映画作家。主著『スペクタクル社会』。主として一九六〇年代に彼が創立メンバーだった雑誌「アンテルナシオナル・シチュアシオニスト」に集って政治、芸術運動に携わった人々をシチュアシオニスト（状況構築主義者〉と呼ぶ。スペクタクル（仮訳：見世物）の社会では「商品」はその使用価値や交換価値と関係なく、それ自体がスペクタクルの形態をとり、スペクタクルが「商品」を通して姿を現すとし、マルクスやルカーチの物象化と物神崇拝に言及している。

(12) クリスティン・ロス（1953—） アメリカのフランス研究者 フランス文学と一九、二〇世紀のフランス文化研究。ジャック・ランシエールの『無知な教師 知性の解放について』を英訳。他に『社会空間の出現 ランボーとパリ・コミューン』『六八年五月その後』など。

(13) ワルター・ベンヤミン（1892—1940） ベルリンのユダヤ人家庭に生まれる。ドイツの文芸評論家、哲学者、社会学者。ドイツロマン主義の研究から史的唯物論にユダヤ的神秘主義をまじえた文化史、精神史のエッセイ的論文を著す。ボードレールやプルーストの翻訳も行った。未完の草稿群である『パサージュ論』『複製技術時代における芸術作品』などがある。後半生はナチスに追われパリ陥落直前にスペインに入ろうとしたが原因不明の死を遂げた。

(14) デヴィッド・ハーヴェイ（1935—） イギリス生まれの経済地理学者。現在ニューヨーク市立大学教授。二〇〇五年『新自由主義—その歴史的展開と現在』で評価を得、『〈資本論〉入門』『資本の〈謎〉—世界恐慌と二一世紀資本主義』などを著した他、資本のアーバナイゼイションを問題にした『パリ・モダニティの首都』『反抗する都市』などの著作を行っている。

(15) エリック・アザン（1936—） ユダヤ系フランス人、評論家、外科医。アルジェリア独立戦争に参加。外科医の資格を取得した後レバノンで医療活動に従事。パレスチナ問題で発言している。代表作は『占領ノート—ユダヤ人が見たパレスチナの生活』。

(16) エティエンヌ・カベ（1788—1856）　ロバート・オーウェンの影響を受けて、空想的理想社会をめざす『イカリア旅行記』を著す。アメリカで共同体の建設を試みたが失敗した。

(17) ワッツの暴動　一九六五年八月一一日、人口の九九%が黒人であるカリフォルニア州ワッツ市（現ロスアンジェルス市に編入）で白人警官による交通事故取り締まりがきっかけとなってこれに不満をもつ住民の暴動が発生し、死者三四名、負傷者約一〇〇〇名、逮捕者四〇〇〇名を越えた。公民権運動の高まりによる人種差別がその背景にあり、同種の暴動が当時全米で頻発した。

Ⅳ　歴史の戦略的描写

『フランスの階級闘争』、『ブリュメール一八日』、『フランスの市民戦争』の三部作は偉大な語り手の、しかもその語りは政治を発明し造り出している新しいタイプの語り手の作品である[*原注〈1〉]。

人々はそこに歴史を描く際に、それ自体にあらかじめ一つの意味やある一貫性、ひとつの予告された終焉を与えつつ描くという——決定論的あるいは目的論的な——ある種の方法の崩壊を読みとることができる。

四分の一世紀の間のフランスの階級闘争を描いたこの偉大な物語は話の筋を複雑にし、時代の直線的発展を否定するものである。歴史は真っすぐには進まない。歴史は、モンテーニュなら「跳び上がっては跳ね回る」と言ったかも知れない、一歩前進二歩後退、そして表裏があべこべになるのである。それは時には——しばしば——悪しき側面によって進む。

その物語は常に不確実性のままに決着がついていない。『ブリュメール一八日』は同時代のプロレタリアの叙事詩の一大絵巻から引き出された手本となる断章ではなく、『市民戦争』はそれに続く絶対命令である一八七一年春の悲劇から来るものである。その語りの技法はつまりはもはや歴史を叙述することに留まってはいない。それは教訓的、説教的な歴史のことは封印している。それは歴史に服するかわりにそれを作り出すことを政治的に促し激励している[*原注(2)]。

この新しい叙述の形式はもはや回顧的ではなく未来予測的である、とジャン・フランソア・アメル[*訳注(1)]はまさに的を得た強調をしている。それはマルクスの定式を借りれば「未来の詩」たらんとしている。「一九世紀の社会革命はその詩を過去から引き出せるのではなく、未来からのみ引き出せるのであった。それはその革命が過去に関するあらゆる迷信が厄介払いされないうちは自分の役割を始めることはできないのだった。それ以前の革命は、その内容を自らの内側に隠し持ったために歴史的な模倣が必要であった。一九世紀の革命は、自らのその目的を実現させるために死者たちに彼らの終焉を葬りさらせるがままにしなければならなかった。以前には美辞麗句が内容をこえていたが、今では内容がそれをこえている[*原注(3)]」

新しい歴史の詩法はだから過去を語るが、もはやそれを再生産するためではなく、「それ自身の成果を通じて先行する歴史にはない出来事を生産するためである[*原注(4)]」。

マルクスの三部作はまさしく歴史に関する批判的かつ政治的なもうひとつの文体を活用している。骨董屋的歴史ではなく、記念碑的歴史ではなく、既成事実の古文書管理的歴史でもなく、ブランキによって容赦ないほど手厳しく非難された実証主義とは正反対である[*原注(5)]。進歩のメカニズムはなく、運命の成就でもない、そこでは出来事が、個々が、特質がすべて所を得ており、可能性は現実に劣らず現実的である歴史である。この意味において三部作は、彼の『神聖家族とドイツイデオロギー』以来完遂された歴史を描いた思弁哲学とは断絶したことを裏付けている。「歴史は何もしない」、「それを作るのは人間なのだ。彼らが選ばなかった環境のもとで」彼らはそれを作る、闘いのもとで、闘いによって。

歴史は世俗的なものである。だからこそ神の御予定もなければ科学的な保証もない。戦略的な歴史は対立のもとで演じられるのであり、分岐点にある。この点でマルクスはミシェル・ヴァデ＊訳注(2)の書名『マルクス、可能性の思索家』（MARX, PENSEUR DU POSSIBLE）を充分に裏付けている。＊原注(6)すなわち歴史を作ること、しかし何を作るのかを知ることなしにそれを行うことは、その行為とジャック・ランシエールが強調する歴史との間に問題含みの関係を含んでいる。

「人が自分のやることを理解しないで行動することは不可能であるが、しかし今度は、この不了解が何事も生み出さないということもあり得ない」

このことはいかんともしがたいジレンマ（double bind）なのであろうか？　あるいはマルクスとエンゲルスによって歴史と政治の間に結ばれた新しい紐帯にたいする無理解とも言うべきであろうか？『神聖家族』以来、彼らは護教的幻想を拒否する。それによれば、この世に起きる全ての事は、世界が今日在る世界であるために、我々が今在るものに成るために必ずや生み出されるべくはずのものだったという。

「思弁的方法のおかげで、我々は来たるべき歴史とは、過去の歴史が目的としたものであると思い込まされたきらいがある」

この歴史の変転についての宿命化は、不確かな対立による仮の結果よりも（真実の可能性―― Reale Möglichkeit）、という意味においてそれでもより現実的ということができる「側面的可能性」（ピエール・ブルデュー）[*訳注(3)]を二度にわたって葬り去ることになる。

この歴史の道理と進歩のイデオロギーについてのマルクス主義的批判は既成秩序の支配的イデオロギーとしての実証主義についてブランキが行った手厳しい批判を見越したものである。一八六九年の自分の覚書にこの手に負えない反徒は書いている。

「未来を前にした過去の訴訟においては、同時代人の記憶が目撃者であり、その歴史が裁判官である。判決は証言の虚偽のためであれ、あるいは証言がないためや法廷の無知のためであれ判決は殆んど常に不正なものである。幸いなことに、上告審は永遠に開かれたままであり、加えて流れ過ぎた歳月の上遥かに投影された新しい数世紀の光はそこに闇の判決であると告発するのだ」

歴史は器械仕掛けの神とか造物主ではないのと同様に当然ながら法廷ではない。たとえそれがそのようなふりをしたとしても、それは実際には偽の証言者たちに服従させられた裁判官たちの最後の審判でしかない。歴史の上告審はマッシミリアーノ・トンバ（MASSIMILIANO TOMBA）[*訳注(4)]が書くように、実際には裁判への問いを時効で訴権停止に陥らせる。それはブランキが認めていることである。「歴史哲学と同様に社会学といういわゆる科学としての実証主義は正義の観念を排除する。それは絶え間のない進歩の法則、つまり宿命しか認めない。各事物は、一連の改良の中に身を置いているからこそ好機が巡ってくると卓越する。全ては常により良い方向に向かっている。善と悪を評価するための如何なる選抜試験もない」のだと。

ブランキにとっては、過去は、そこでは攻撃の矛先の判断や、闘いの成り行き、そして既成事実が正義と不正義の分かれ目に関しては何の証明にもならない戦場である。「物事はこの流れを辿ったのであるから他の道を辿ることはできなかったであろう。既成事実には抵抗できない強さがある。それはそのものの運命なのだ。それには精神は圧倒され、あえて抵抗することはしない。歴史の運命論者や既成事実の賛美者にとってはなんと心強いことであろうか！　勝者のあらゆる残虐行為や数々の一連のテロ行為は自然のそれと同じように規則的で不可避的な進化に冷酷にも移行しているのだ！」しかし「人間がすることの連鎖は宇宙のそれのようには少しも宿命的ではない。すなわちそれは瞬時瞬時に変更可能なものである」。

ワルター・ベンヤミンならこう付け加えるであろう。どんな瞬間にもそこを通って救世主が現れる狭い門があるものだと。歴史を、還俗した古代の運命の女神、あるいは救いの神のシンプルな形に変えるこの教義に関してマルクスとエンゲルスは根本的に世俗的であり魔力を失った概念を『ドイツイデオロギー』の中で対立させた。

「歴史は前の者に後の者がつづく世代の継承以外の何物でもない」

歴史に意味を与えるのは人事であって神事ではない。論理的には、この歴史の論理についての批判は進歩についての抽象的な観念への批判を含んでいる。『ドイツイデオロギー』の後、マルクスが歴史についての普遍的考察に専念することは稀になった。『政治経済学批判』（LA CRITIQUE DE L'ECONOMIE

POLITIQUE）は、「もうひとつの歴史の著述」であり、いわゆる予告された世俗的な著述となった。彼の全著作を通じて、このテーマについてはもはやいくつかの断片的な考察しか見られないが、そこにはとりわけ『経済学批判要綱』（GRUNDRISSE）の序文の中に発表された簡略な覚書がある（一八五七年の経済学批判への序説四―訳注）。この仕事用の覚書（マルクスが書いた注意書き）が肝心である。それは簡潔にして時には謎めいた文体で紙の上に走り書きされたメモの一種である。八項目の短い指摘のうち二つの項目がとりわけ注目に値する。第六項でマルクスは、「いつもの抽象的な形で進歩の概念をとりあげるのではなく」生産関係、法律関係、美学的事象の間では「不均衡な展開」を考慮に入れることを勧めている。つまり不測の事態から、および非同時性から生まれる結果を考慮せよと。

第七項で、これはさらに簡潔であるが、彼は歴史についての自分の見解は「必然的な発展として現れる」（彼自身が下線を引いている）と言い、すぐに付け加えている。「しかし偶然の根拠の説明、どうして。（自由、等々も）。伝達手段の影響。世界史はつねに存在したわけではない。世界史としての歴史は結果である」。

極めて肝心なことは必然性から偶然性への関係を弁証法的に読みとることである、それなしにはもはや歴史も無いし、事件もないであろう。

だから階級闘争の世界史はもはや弁神論ではなく、生産、交通、文化を通じて行われる生成、人類の実効ある普遍化なのである。それはすでに『共産主義者のマニフェスト』が宣言しているとおりである。

この問題提起は、ロシアの評論家たちへの解答として書かれた一八七七年の有名な手紙〔ミハイロフスキーへの―訳注〕の中で次のように確認できる。マルクスは「至上の美徳が超歴史的となる普遍的な歴史哲学理論の万能通行証」を拒否する。現実の歴史や、その闘い、その不確実性の上に覆いかぶさるであろう歴史のひとつの意味を備えた万能通行証は実際にはずっと前からその破綻が完結している偉大なる思弁哲学の延長上に刻まれたものである。この理論的破綻は実践の帰結がしめすとおりである。開かれた歴史においては以来、予め決められた歴史の規範、異例、逸脱、奇形とは相いれない「正常な」発展というものは存在しない。

ヴェラ・ザスーリッチへの手紙は、ロシアのために、西洋の資本主義の十字架を背負う道を歩まなくても済むであろう可能な異なった発展を目論むことによって、そのひとつの証拠となっている。

この手紙はレーニンの『ロシアにおける資本主義の発達』とパルヴュスとトロツキーの不均等かつ複合された発展の法則の研究への道を切り開いた。

普遍的歴史や「同質で空虚な」時間性という思弁哲学に反して、『経済学批判要綱』を経由して、一八四四年の『経済学哲学手稿』から『資本論』の草稿に至るまで、政治経済学批判が、資本の論理に内在する時間とリズムを概念化するものとして、そして歴史の脈拍を聴取し、その危機を探知するかのようなものとして現れた。*訳注(5)

ヘンリック・グロスマンの要約によれば、マルクスは何よりも「周期、回転、回転の時間、回転の周期などの時間の要素に関する概念上の全てのカテゴリー」を作り上げねばならなかった。*原注(7)

しかしながら彼の歴史の原理についての根本的な批判は、誤解や、マルクス自身の時には矛盾する定式がきっかけを与えることとなる反対の意味に好都合であるように、不完全なままに終わっている。これらの両義性をもつ表現の数々は未解決の戦略上の問題の広い範囲の政策方法に由来する。労働によって肉体的にも精神的にも疲弊した存在として、資本論にもしばしば書かれているプロレタリアートが人類解放のための闘いで、ヘゲモニーを握る階級に変わり得るのか？　マルクスの回答はある社会学的な賭けの中にあるように思える。それによれば産業の集中化は、ほぼ自動的にプロレタリアートの増大とそれに対応する集中化をもたらし、抵抗と組織の水準が高まり、そのことによって意識水準を向上させることによって「政治的階級」がついには「社会的階級」へ、「それ自身のための階級」へ、「本来の階級」へと道がつながるまでに至らしめるであろう。この論理的連鎖は「普遍的階級」に解放の戦略的謎を解くことを許しえるであろう。

二〇世紀は歴史の決定論的理論をマルクスに帰することを解釈家たちに許すこの楽天的な構想をほとんど確証してはいない。彼らは次にあげる内容をその議論の拠り所としている。

――否定の否定を巡る資本論第一部の最後から二番目の章〔第二四章　いわゆる本源的蓄積―訳注〕に載っている弁証法的形式主義。

これはエンゲルスが『反デューリング論』の中で、単に誤った解釈をだけではなく、ある程度においてはその理念そのものをも修正しなければならなかったその単純化にヒントを与えた。「マルクスにおける否定の否定とは何の役割を果たしているのか？」マルクスは「それによって歴史の必然性を証明しようとしているのではない。その反対である。彼がそれを、さらには一定の弁証法的法則に従って遂行される過程として指し示すのは、実際歴史によってどのようにしてその過程が部分的には実現し、部分的にはこれからどのようにして必然的に実現されなければならないのかを明示してからのことである」。

この文の解説は非常に不明瞭に感じられる。続きはもっと明瞭である。「それでは否定の否定とはなにか？　それは自然、歴史、および思考のきわめて一般的な、厳密に言えば、それゆえに極めて広く作用し意義を持つ発展の法則である……私が否定の否定であると言う時には特殊な発展過程について言っているのでは全くないことは言うまでもない」。だがもしそれが「aという文字をかわるがわる書いたりまた消したり、バラに関して、かわるがわる、それはバラである、バラでない、と主張するような子供じみた暇つぶしのようなものであるとしたら、そこからはこういった退屈な作業に没頭する輩の取るに足りないこと以外なにも得ることはない」。

——必然性の概念は、本来の弁証法的論理において、それをあたかも影のように二重に見せている偶然性と不可分である一方で、とりわけ『一八五九年の経済学批判への序言』以降は機械的な必然性として理解され得る類のものである。しかしマルクスが予測的、あるいは遂行的という意味で必然性という概念を用いているのかどうかということを解き明かすのが時には非常に困難であることも事実である。

これらの解釈に決着をつけるためには、フランスにおける階級闘争、インドにおけるイギリスの植民地化、スペインの革命、南北戦争などについての政論の記述は、論理的思弁の数々よりも有益であることは確かである。

階級闘争の中央集中化と、その不確かな解決策は実際ある程度の偶然性と、無意識的ではない因果性の概念、要するに開かれた因果性を必要とする。初期条件は、そのいずれが他に優るのかを機械的に決めることなしに可能性の分野を決定するのである。歴史の論理は、だから、古典力学より以上に決定論的カオスと共通性を有する。

すなわちあらゆることが可能なのではない、しかし闘いが決着をつける現実的な可能性には多元性があるのだ。ここで再び『天体による永遠』（L'ETERNITÉ PAR LES ASTRES）のブランキに登場してもらわねばならない。彼にとっては、一八三二年、一八四八年、一八七一年と続く敗北の後、「分岐点での主題のみが」「希望に向かって開かれていたのだ」。

当時ほとんど使われていなかった「分岐点」という単語は、それでもルネ・トム[*訳注(6)]のカタストロフ理論の数学における場合と同じように量子物理学の用語にあって輝かしい将来を約束されていた。

戦争と革命の時代に、機械的に引き起こすことなしに過去が現在を条件づけるとするこの歴史の概念は、とりわけグラムシとベンヤミンが併行して行った理論的歩みを通じて二つの戦間期に強化された。前者は強調する。「現実的には、人が科学的に予見できるのは闘いだけであって、その具体的な時期ではない」。そして付け加える。「闘いだけが――恒久の勝利を表明できる結果以外は、その即時的な結果でさえ不可能である――何が理にかない何が理にかなわないのかを示すことになろう」。だからあらかじめ決められた規範ではない闘いの帰趨が展開の合理性を決定することと成り得るのだ。しかしその結末は、闘いの期間や様々なエピソードに耐えて、即時的な結果や、明らかにされる勝利、敗北に留まるものではない。

それは回顧的に、「恒久的な勝利」の光に照らして見なければ明らかにならない。

それでは、開かれた歴史下における恒久の勝利の恒久性とは何であるのか？　同じ名前を持つ理論のゲームと異なって、「勝負の結末」を知らない闘いにおける恒久性とは？　恒久的に勝つということが、もしブランキの言ったように「常に開かれた上告審」なのだとしたら？

歴史という麻酔を起こさせるような揺椅子や、進歩という悪循環、歯車装置、そして歴史の最後の審判を通して全てに決着をつけるために、歴史と政治との関係はベンヤミンにとっては最終的には全く本末転倒のものであった。

今や、過去に接近するには「もはや以前と同じように歴史的なやり方ではなく、政治的なカテゴリーの見地から政治的なやり方で」接近することが大事なのである。すなわちより簡潔に言えば「政治は今後歴史より優位に立つ」ということなのである。この文言はエンゲルスによって言われた「歴史はなにもしない」という結論に影響を及ぼし、それを引き出したかのように思える。それは歴史的時間の意味論の根本的な見直しをもたらす。現在はもはや一時的な鎖の環の一つではなく、時間の連鎖の中に消えて無くなって行くものである。過去はもはやその萌芽として現在を含んではおらず、未来がその宿命であることでももはやない。

現在とは類稀な政治の時、行動と決定の時であり、そこでは途切れることなく過去と、未来の意味行き交い、また行き交う。それは起こりうることとの多元性における結末の時である。そして歴史よりも優位に立つ政治はまさしくこの「現在と不測の事態の成せる技」（フランソワーズ・プルースト）であり、言い換えれば局面と好機の戦略的技である。

たとえ歴史の上に立つ政治の優位性が再建されても、それほどまでにはこれらの関係が逆転してことを示しているのではない。さまざまな歴史のエピソードと時間についてのポストモダニズム的な拡散のおかげで、一部の議論はそこにあらゆる歴史学上の規定や条件を根絶やしにし、今後は論理的脈絡も継続性もない、その日その日での行動、流動的な反復進行の並列に帰着しうるであろうある政治思想を留めているのである。常に繰り返されている緊張した現在を巡っての政治の時間性についてのこの偏狭さはバランス良く歴史哲学がそこにたどり着くやり方で権利を失効する結果のためにあらゆる戦略的考察を携えているのである。

戦略的著作と駆け引きの偉大な好学の士であるギ・デュボールは開かれた歴史と有効期限内に展開でき、事変に関する偶然性の還元できない部分を蓋然論的予測に組み入れることとの可能な戦略的思考との間の関係をしっかりと強調した。

彼は、このようにしてその計画が歴史にかんする知識の深刻な不足に悩むであろう、政党、前衛はもはや「戦略的には、導かれること」はできないであろう、と確信した。

両極端〔ロシア革命の成功と崩壊──訳注〕の世紀によって加重された敗北は、期待される展望を不明瞭にし、不運な歴史を驚愕させた。時代はたちまちのうちに急速に場面を次々と変えている。戦略的時間はいくつかの逸話的なエピソードに細分化され砕かれている。現在にとって有益な名誉回復は、束の間の朽ちていく祭式、数々の物事のつながりに形を変えられている。

「歴史を作る」(言い換えれば最初から決められた目的の遂行に貢献すること)という自負に対してハンナ・アーレント*訳注(7)は政治的実践の不確かさを向き合わせた。彼女の目からすれば歴史を政治に置き換えることは、実際には「個々の痛ましい偶然」を前にして行動する責任をうまく回避することである。

第一次世界大戦を契機として、その進歩の神話の崩壊によって引き起こされた歴史の脱宿命化は、しかしながらいくつもの形をとり得た。シュミットにおける無制約的な決定の形、ベンヤミンにおけるメシアの不意の出現の形、ついにはアーレントにおける奇跡的なできごとの形など、「一種の奇跡としての何事かだけが決め手となり、かつ有益な変化をもたらすことになろう」ということである。

この三つともが、このように事変を絶対視する誘いの危険に身をさらすことになる。

しかし絶対的なひとつの事変の期待と第二インタナショナルの正統的旧社会主義の「受け身の急進主義」は思いがけない仕方で合流できた。カウツキーは言っていた。革命はみずから準備されるものでもなく、みずから成されるものでもない。それはただ単にそれに相応しい時として現れるだけである。あたかもそれは果物がちょうど良い時期に熟れるかのように。あるいは神からもたらされた事変的な驚きであるかのように。

レーニンの名のもとに結集した革命の中の革命は、反対にその究極の成果として前進という祈りを唱え続けるかのように思えた「均一化と空虚」の様相をした精密な時間体制で破壊を推進した。戦略的時間とは、多くの山場をかかえ、急な加速もあれば過酷な減速もある、前や後ろへの跳躍の引き返しも途切れることも思いがけぬできごともある、その時計盤の針は常に同じ方向に進むとは限らない。それは崩され深刻な危機と都合の良い時期に区分けされた（それはレーニンの覚書が一九一七年一〇月にボルシェヴェキの指導者たちが蜂起の主導権を握ることを明日か明後日だ、その後では手遅れになってしまうであろうと急かしていることからも証明できる）。

それなしには決定がもはや意味を持たず、党の役割が闘いの干満しだいで退却も攻撃も組織できる戦略家のそれではなく、大衆の自発性に追随する衒学者のそれ、科学者のそれに帰するであろう。それは危機と絶好な瞬間である蜂起の時間である（それについては一九一七年一〇月に出されたレーニンの通牒、その翌日か翌々日に――その後では遅すぎたであろう――蜂起の主導権を執ったボルシェヴィキの指導者たちが証言しているように）。

この政治行動の時間性はそれ固有の語彙を有する。その時期はそれ自体が識別している前後の関係においた把握されている。

つまりは時として経済的な周期にとっては不都合なこともある変動の周期、崩壊した体制が一連の可能性を取り逃がしている危機的状況、闘いの主導者たちがその手はずを整える（革命的な）状況、局面やもしくは全ての戦略家にとって必要な「士気の存在」を掌握すべき好機の時など。

これらのカテゴリーの全行程が、出来事と歴史、必需品と割り当て、社会的のものと政治的なもののを分離する代りにそれらをつなげることを可能にしている。この弁証法的接合がなければ、革命的戦略の概念さえもが意味がなくなるであろう。その時には議会主義的ペネロペの貞淑さには高くつく「浮世離れした社会主義」(アンジェロ・タスカ)*訳注(8)しか残らなくなるだろう。

デュボールがまさに強調しているが、マルクスは闘いの思想家であって、何よりも法の思想家ではない。つまりはデュボール自身もその行程を再行できると思っていた商品の(そしてその目を引く形体)の偶像崇拝批判の戦略的思想家であり、何もしないうちに消えてしまうことのないように「機会の真っただ中に」到着し、好機をつかみとるすべを備えた思想家である。

それゆえに依然として我々は政治と(管理技術としてではなく戦略的理由として)、歴史の表明を結びつける紐帯を理解する必要がある。もし歴史が民主主義を携えてギリシャに出現しそしてその民主主義とともに、そして長い期間姿を消してしまったとしてもそれは偶然ではない。ポストモダニズムの冗語が歴史的理由の新しい一時的凋落を祝っている。それは論理的には、政治における甚だしい居心地の悪さと、別な言い方をすれば戦略的理由の危機と同時に起きている。もし「戦略がこの上なく正確に葛藤の弁証法的論理を発揮する絶好の場であるなら」、歴史の展望と政治の見通しと結びついたこの危機はなんら驚くには当たらない。それはおそらく今日の指導者たちが直観していることであり、彼らの記念すべき活動主義や記憶に残る崇拝を説明するものである。しかし批判的歴史の知識は、彼らにとって、貧弱な代用品や彼らの正真正銘の模造品である記念すべき物語や伝説、あるいは記憶すべきセレモニーとは正反対のものなのである。

〈原注〉

〈1〉この点に関してはジャン・フランソワ・アメル〔Jean-Francois Hamel〕の非常に優れた本である『歴史の回帰　反復、物語性、現代性』〔Revenances de l'histoire, Repetition, Narrativité, Modernité〕パリ、ミニュイ出版〔Minuit〕2006を参照のこと。

〈2〉ジャン・フランソワ・アメルは鋭敏にも物語りの規則の変化を強調している。「『ブリュメール一八日』は、語りの効果に応じて審美的および政治的問いかけで構成されている点で、形而上学的な伝統や歴史哲学からは離れていると言えよう」（同　P128）

「共産党宣言の中ではまだ適用されていた」歴史哲学にこの問いかけを対置させながらも、それでも彼は『神聖家族』と『ドイツイデオロギー』でマルクスとエンゲルスによって完遂された普遍的歴史の「思弁哲学」との根本的な断絶を過小評価している。

〈3〉マルクス『ブリュメール一八日』

〈4〉ジャン・フランソワ・アメル　P130

〈5〉ブランキ「実証主義に反対する」『着装閲兵式命令』〔Contre le positivism in Insurrection pour une prise d'armes〕パリ、ラ・テットゥ・ドゥ・ファイユ出版〔Editions de la Tete de feuille〕1972

〈6〉ミシェル・ヴァデ〔Michel Vadee〕『可能性の思索家マルクス』〔Marx penseur du possible〕パリ、クリンクシエク社〔Klincksiek〕1992

〈7〉以下を参照のこと。

ヘンリク・グロスマン〔Henyk Grossmann〕『マルクス　古典的政治経済学とダイナミズムの問題』〔l'économie politique classique et le problem de la dynamique〕パリ、シャン　リーブル社〔Champ Libre〕1975

スタヴロス・トンバゾス〔Stavros Tombazos〕『資本の時代』〔Les temps du capital〕パリ、カイエ・

デ・セゾン〔Cahiers des saisons〕1995

（訳注）

（1）ジャン・フランソワ・アメル　一九七三年生まれ。文学者、文学史家。ケベック大学で文学研究の分野を講じている。

（2）ミシェル・ヴァデ　フランスの哲学者。ポワティエ大学人文科学部助教授。最新作『マルクス　可能性の思索家』。

（3）ピエール・ブリュデュー（1930―2002）フランスの社会学者。一九五五年アルジェリア出征の経験を持つ。人間の日常行動の論理、社会的地位の再生産をテーマに追求。新自由主義やグローバリゼーションを批判。コレージュ・フランスの教授を務めた。

（4）マッシミリアーノ・トンバ　パドヴァ大学でマルクス主義の立場から人権の哲学について講じている。

（5）ヘンリック・グロスマン（1881―1950）ポーランド人。経済学者、歴史家。オーストリア・マルクス主義者の一人。

（6）ルネ・トム（1923―2002）フランスの数学者。位相幾何学で評判をとり、後にカタストロフィー理論の創始者として一九五八年にフィールズ賞を受けた。

（7）ハンナ・アーレント（1906―1975）哲学者、思想家。ドイツ系ユダヤ人として両親とも社会民主主義者の家に生まれた。大学でハイデガー、フッサール、ヤスパースの教えを受ける。一九三三年ナチスの手を逃れてフランスに亡命し、一九四〇年フランスが降伏するとアメリカに亡命。一九五一年に代表作である『全体主義の起源』を著した。

（8）アンジェロ・タスカ　グラムシ、トリアッティたちとトリーノの工場評議会運動に参加し一九一九年「オルディネ・ヌオヴォ」を発刊した。

パリ・コミューンを目撃した日本人たち

渡部　實

ところでパリ・コミューン（一八七一年三月一八日〜五月二八日）の起きた一八七一年（明治四年）当時の日本人の受け止めかたはどうであったろうか。新聞らしき体裁ができたのはほぼこの時期であり、それを『幕末明治新聞全集』として記録したものによれば、イの一番にコミューンが報じられており、次のように書かれている。

「佛蘭西巴里斯ノ一揆黨ツイニ政府黨ニ降伏シ、武器ヲ渡シヨシ。巴里斯黨には、女子モ男装ニテ出陣セシモノアリ。両黨ノ戦争中凡六萬餘ノ死人アリシ云」

この年の前後、戊辰戦争が終結して程ない日本は欧米列強に肩を並べるべく、欧米留学生派遣を開始した。雄藩の下級武士を中心とした留学生の中には、その直前のフランス＝プロイセン戦争を含めてパリ・コミューンに居合わせたり「観戦」していた相当数の日本人がいたのである。

①前田正名　薩摩藩の出身。日本代理公使をしていたモンブラン伯爵に随行して、外国御用係として一八六九年半ばに渡仏。彼は一説によればコミューン側に立って戦闘に参加したという。その自叙伝はコミューンが宣言される直前で終っており、その詳細は不明だが、国民軍に志願した時の登録

証が現存しているという。

帰国後、農商省の次官。

②西園寺公望　華族徳大寺家の出身で京都生まれ。総理大臣を務め最後の元老と言われた。一八七一年二月七日にロンドンからパリに入り、栗本定次郎から前田正名と、それを通じてモンブラン伯爵に紹介された。

知人に送った手紙によると「各国の盛衰というのもかなり激しい。殊にフランスのごとき、昨年プロシャに負けてからというものは、国内が一層紛乱して、とうとう解兵の時から事が起こって、共和政治でなければいかぬということになり、姦猾無恥の徒が大いに愚民を煽動して干戈を用うるようになった……砲弾が飛んで来る。街中は放火や兵火で焼ける。老人や子供がうろうろして泣き叫ぶ……」。

コミューン後の同年一〇月に日本から中江兆民、光妙寺三郎が留学してきて、彼は二人と親しくなり帰国後はフランス流の急進民権思想を説いた兆民にも新聞の発行などで協力したという。

③渡六之介　藝州出身。軍事視察特派員。フランス＝プロイセン戦争を最初から最後まで視察し、その詳細な記録を『法普戦争誌畧』全八巻に遺す。兵部省で印刷された。当然コミューンの時期にもパリ滞留していたはずであるが、一八七一年三月で記録は終わっている。大山弥助（巌）―薩摩、品川弥次郎―長州、林有造―土佐、池田弥一―肥前らがこの戦争観戦のためプロシャを訪問し、彼らは同年二月九日パリに入ってコミューンにたちあうことになる。渡は市内に彼らを訪ね戦争勃発

から現在に至るまでの詳細を語り、食糧の窮状を訴えたという。
④鮫島尚信　薩摩出身の青年外交官。一八七〇年政府派遣の少弁務使としてロンドン赴任のあと、パリに移って仏特命全権公使となった。前田正名より三歳年上で当地での二人の交友があったと思われる。

このほか、一八七〇年に大阪陸軍兵学寮から一〇人がフランス公使館付き軍人シャルル・ビュランに付き添われて公費留学し、一八七一年一月一八日にマルセイユに着いているが、コミューンとの関係は不明である。

またコミューン崩壊後の一八七二年一一月には岩倉使節団（正使：岩倉具視　副使：木戸孝允、大久保利通、伊藤博文、山口尚芳の四人、使節四六名、随員一八名、留学生四三名　計一〇八名　ただしアメリカ、プロシャ、イギリス他に向かった者も含む）が訪仏し、砲撃による損傷を修復中のパリに入り、その生々しい痕には強烈な印象を持った。彼らは西園寺と同様に「この〈民党の一揆〉をおこなった〈賊徒〉」という受け止めであり、「普軍ノ禍ヨリ、〈コンミュン〉ノ禍ヒ尤モ猛ナリ」と実記には記されている。彼らはティエールやビスマルクとも会見している。この翌年に、後に東洋のルソーと言われた中江兆民がパリを訪れたわけである。

以上は著名な人物のみであるが、この他にも相当数の人物が直接、間接にコミューンと関わっていたと思われる。幕末明治の日欧交流史としても興味のあるところである。

参考文献：
月島総記『巴里の侍』　メディカルファクトリー　二〇一〇年
豊田　穣『西園寺公望』　新潮文庫　一九八五年
児島　襄『大山巌』　文春文庫　一九八五年
祖田　修『前田正名』　吉川弘文館　一九七三年
久米邦武編『田中　彰校注　米欧回覧実記』　岩波書店　一九七九年
井田進也『兆民のフランス留学』　岩波書店　一九八七年
ほか

ダニエル・ベンサイドとパリ・コミューン

佐々木　力

ベンサイドにとっての68年パリ五月革命

フランスの革命家にして哲学者ダニエル・ベンサイドは、私にとってもっとも畏敬の念と共感の寄せられる同時代人だった。私は、数学を学び、その後、数学史に転じて研究者としての生き方を生の中軸に据えてきたと言うことができるのだが、彼のほうは、大学で広い意味での哲学の教鞭をとってはいたものの、軸足はつねに革命的言説を発信することにあったと思う。

ベンサイドは、第二次世界大戦直後の一九四六年三月二十五日、フランスのトゥルーズのユダヤ人家系に生を享けた。ヘブライ語の「ベン」は、同じセム語族のアラビア語の「イブン」と同様、「息子」を意味する言葉に由来し、その姓どおりに、ユダヤ人の思想の系譜のもっとも革命的な翼を担って生き抜いたのだと思う。他方の私は、彼からほぼ一年後の日本の東北は宮城の西北の田舎生まれである。

フランスの地方都市出身の秀才少年ベンサイドは、高等師範学校（ＥＮＳ）という最難関のエリート校に在学しながら、一九六六年に革命的共産主義青年同盟（ＪＣＲ）の創設に際して、その一員となった。その青年組織は、たしかに第四インターナショナル・フランス支部の指導下にある青年トロツキストの組織なのだが、かつてフランス共産党傘下にいた青年たちが中心になって建設された。アルジェリア革命に共産党が反対ないし保留の態度をとったために、フランス帝国主義に明確に反対の立場をとっていた青年たちは、「親」組織といえる共産党に叛旗をひるがえし、第四インターナショナルというトロツキスト国際組織との連携を確立して、新しい青年組織を立ち上げたのだった。

ＪＣＲのヒーロー的存在はトロツキイとゲバラだったという。そうして、その生まれたばかりの青年組織は、六八年五月に勃発したパリ革命を先頭で闘うことになった。その革命のきっかけは、ヴェトナム反戦運動にあった。反戦デモを組織したパリ大学の学生を中心とする青年たちは、アメリカン・エスクプレスのパリ支店に押しかけ、そこのガラスを割ったとかで、学生が逮捕されることとなった。その不当性に怒った青年たちは、それぞれのキャンパスで集会をもち、さらにパリの街頭でバリケード戦を構えるまでになった。学生たちの総叛乱というべき状況に、今度は、労働者たちが呼応してストライキをもって闘い始め、フランス全体が騒然となった。ひと月ほども続いた革命的叛乱が終熄したのは、ドゴール大統領による非常事態宣言によってであった。

青年たちの叛乱の先頭の重要な一角は、前記ＪＣＲが担った。かつては歴史学を学び、その組織の中心だったアラン・クリヴィンヌはいうまでもなく、ハンナ・アーレントの『全体主義の起原』第三巻の中で言及され、マルクス主義者として最初にソ連邦の強制収容所の実態を暴いたことで知られるダヴィド・ルッセというトロツキストの子息のピエール・ルッセも中心的メンバーであった。ベンサイドは、彼らと隊列をともにした。この革命以前、トロツキイ派組織は、青年大衆から孤立した「ほんのちっぽけな」小組織でしかなかった。知られていたことといえば、「革命的」であるはずの共産党までをも忌憚なく原則的に批判する粋《いき》のよさだけだったと言っても過言ではあるまい。ところが、この革命の最中《さなか》、クリヴィンヌやベンサイドらは、トロツキイ派を、ごく少数の活動家グループから大衆青年運動に成長させた。この点で、トロツキズムの歴史にとっても特筆される事件をベンサイドらは担ったわけである。

周知のように、パリで勃発した五月革命の影響は、ヨーロッパ全域へ、さらには世界へと波状的に拡がることとなった。そして、学問に対する考え、自然観を大きく変える働きをするにいたった。世界システム理論の唱道者のウォーラーステインによれば、一九六八年は、旧式の世界の理解の仕方と新しい観点の分水嶺を画したことになる。私と同世代前後のその後重要な働きをする科学史家の一群は、この事件によって育まれ、またエコロジストの集団も登場し、勢いづき始めた。

私自身、六八年夏に、そのころ神田・お茶の水地区にあった中央大学の講堂で開催された国際反戦集会に仙台から駆けつけ、その集会の演壇に立ったジャネット・アベールというフランスの女性活動家の話から、パリ五月革命の実態を知ることができた。アベールは、JCRの重要な一員で、パリのカルティエ・ラタンにほど近いオデオン座での大衆集会の様子や、自主的通貨が発行されるまでになったパリの状況について報告したのであった。

その集会での一講演を訳した通訳が、その講演の講演者が「私は第四インターナショナルを支持する」と明確に言い切った発言を、「支持しない」とまちがって翻訳し、あとで、誤訳を指摘されて、その誤謬を訂正するという一齣もあった。当時の日本では、トロツキスト組織の些末な第四インターナショナルなど、すでに「歴史の屑箱」に入ってしまっており、今はもっと急進的で「世界同時革命」を謳う「第五インターナショナル」を創設する時期なのだという言説がまことしやかに喧伝されており、明らかにそれほどは上手ではない通訳氏は、そういった思潮に影響されており、前記の誤訳を導き出すにいたったのであった。

アベール女史は、その後、キューバ革命の研究者となり、ベンサイドが教壇に立ったパリ第八大学の同僚となった。彼女の著書には、フィデル・カストロも熱心に眼を通しているという。

ベンサイドは、ベルギーの経済学者にして戦後の第四インターナショナルを先頭で率いたエルネスト・マンデルが一九九五年七月に急逝してからは、その後継世代のトロツキスト理論家・活動家として、第四インターナショナルを率いることになった。しかし、彼はトロツキスト組織の指導者としてよりは、マルクス主義理論家として、フランスの労働者階級、それに世界の被抑圧者総体のために思索した。実際、九五年ころからは、フランス・マルクス主義の代表的論客として評価され始め、フランス共産党の機関紙『リュマニテ』の常連寄稿者となった。さらに、共産党を中心にして、トロツキストなどをも含めて、広く論客を集めて組織された「エスパース・マルクス」の重要な一員になった。ベンサイドの思想家としての資質の卓越性とともに、セクト主義的ではない共産党の高い公正な見識をも買うべきであろう。

ベンサイドらは、二〇〇九年二月初旬に、第四インターナショナルのもっとも強力なフランス支部を名乗っていた革命的共産主義者同盟（ＬＣＲ）を解党させ、「反資本主義新党」（ＮＰＡ）を郵政労働者のオリヴィエ・ブザンスノーらと立ち上げ、第四インターナショナルの歴史に一段階を画した。すなわち、その新党は、大衆左派運動の中核を担いはするが、もはや第四インターナショナル・フランス支部を名乗らない。「トロツキズム」というロシア革命と密接に連動した思想から一定の距離をとり、はるかに開かれた思想と組織をめざそうとしたわけである。

ここで一言、ロシアの革命家レフ・トロツキイの思想に一般的に触れることを許されたい。彼がロシア全域で知られるようになったのは、ロシア第一革命と称される一九〇五年の革命にペトログラード（現在のサンクトペテルブルグ）のソヴェト議長としてかかわってからのことであろう。その直後、彼は、獄中で、ロシアの将来の社会主義革命はプロレタリアートの革命として闘われるであろう、しかし、もしその革命が成功したにしても、ロシアの後進性がその革命の長期存続を許さず、ヨーロッパ先進諸国の革命が起こって初めてロシアの革命の維持は許されるであろう、との歴史的展望をもつにいたった。これが著名な「永続革命論」にほかならない。その宣言は、一九〇六年の文書に書き記されたが、後年、論争の長い歴史をも振り返った形で、一九三〇年に『永続革命論』としてまとめられた。「トロツキズム」とは、こういったトロツキイの歴史的展望に与えられた呼称にほかならない。

レーニンの歴史的展望はもっとロシアの現実に根差し、農民の役割を高く評価するものであったが、一九一七年二月革命が勃発するや、亡命地からロシアに帰国し、トロツキイの立場に賛同するようになった。ブルジョワ民主主義的課題もプロレタリア革命によって初めて解決されるべきととらえ直された。有名な「四月テーゼ」をもってであった。

ロシア革命総体の展開についてはトロツキイによる不朽の名著『ロシア革命史』（一九三一―三三）を参照されたい。私のトロツキズムに関する師にあたる山西英一の邦訳が、角川文庫に、藤井一行訳が、岩波文庫に収録されている。そして、スターリンが自らの官僚主義的体制を確立して以降のロシア史の帰趨については、一九三六年ノルウェーでものされた『裏切られた革命』を参照されたい。

私は、日本共産党にかかわりをもつ良心的で開明的な一女性科学史家から話をうかがったことがある。彼女は、フランスの現代物理学史を研究しており、フランスのトロツキストとおぼしき活動家と面談して驚いたそうである。その独善的でなく、セクト主義ではなく、開かれた、柔軟な態度は、彼女の目をたちまちのうちに覚ましてしまったのだという。そうして、ソ連邦解体後、一九九二年早春に公刊された岩波文庫の『裏切られた革命』に眼を通すこととなった。その書物は、それまでロシアの「社会主義」と信じ込んでいた政体の現実をみごとに解明してくれていただけではなく、それまで「トロツキズム」というレッテルをもって思い描いていたイメージを木っ端微塵に打ち砕いてしまったのだという。藤井一行訳『裏切られた革命』の岩波文庫版刊行に努力したのは、ほかならぬ私自身であった。

私は彼女にこう答えた。「それはあなたたちにも責任がある。ほんとうのトロツキストではない人たちに、トロツキイの思想をほとんど知ることなく、〈トロツキスト〉のレッテルを張りつけていたのだから。本物のトロツキストとは、あなたが出会ったフランスのトロツキスト活動家や私のような者をいうのだ」。私は、トロツキズムとは、マルクスの古典的考えを二十世紀前半の世界に適用させた思想と理解している。

これが、ベンサイドが二十歳の時からその隊列に参加したトロツキズムの概要である。

このような現代を代表するマルクス主義理論家にして哲学者ベンサイドは、二〇一〇年一月十二日に亡くなった。私はちょうどその日に、拙著『数学史』の再校を終え、岩波書店の担当編集者に手渡し、最終校正刷の「あとがき」の最後に、「西方の盟友ダニエル・ベンサイドの死去の日に」と書き入れることができたのだった。

とはいえ、ベンサイドの六十余年の革命的生涯の原点は、二十代初めに経験したパリ五月革命にあったのだと思う。そのさらに本源は、一八七一年春のパリ・コミューンにあった。その証拠にベンサイドの政治的兄貴格のクリヴィンヌは、自らの仕事机の後ろの壁に、パリ・コミューンの宣言文を当時の写真複製版で貼り付けているのであるが、彼は、その声明文のフランス語原文を私に向かって読み上げてくれただけではなく、ご丁寧に英語訳までつけて、その趣旨を説明してくれたのであった。

長期の病とともに生き抜き、獅子奮迅の筆をふるう

私の専門学問分野は近世フランス数学史であり、その関係もあって、フランス・トロツキストの幾

人かとは親交をもっていた。クリヴィンヌが私の兄貴格とすれば、ベンサイドは同輩であった。パリを訪問した際には、電話で交信し、可能な場合には、直接会った。ベンサイドは英語がそれほどうまくはなく、また、数学思想に高い見識をもつというわけでは必ずしもなかったが、飾らぬ人柄は会っているだけで楽しかった。「時々は病院に通っているので、連絡をもらっても会えなくなるかも」、という予告があったりした。遠からず訪れるであろう死を予測しながら、ベンサイドは、多くの著作を世に問い続け、十数年以上も生き伸びた。

「〈もう、誰も社会主義の話をする者はなかろう。〉とティエールは勝ち誇って言った」——大佛次郎の名著『パリ燃ゆ』の最後の場面で、パリ・コミューンを、敵国プロイセンの軍隊の力を借りてまで無慈悲に鎮圧し、のちにフランス大統領に就任することになるルイ・アドルフ・ティエールが吐いた有名な台詞《せりふ》である。ソ連邦が一九九一年末に消滅したあとの思想状況はもっと厳しかった。けれど、そのソ連邦を創成せしめたロシア革命の指導者のレーニンやトロツキイが、革命ロシアが、パリ・コミューンが存続した日数を超えて生き延びた際に、ともに喜び合った、というエピソードをも私たちは知っておく必要がある。

パリ・コミューンは、普仏戦争でフランスが敗北し、パリで市民・労働者が国民軍を結成して武装し、臨時政府と議会に抵抗して樹立した政体であった。一八七一年三月十八日から五月二十八日までのほんの七二日間しかパリに存在しなかった自主管理政権である。それだけの過渡的でしかない政体の誕生の歴史的意義を、マルクスは、基本的に潔く認容し、自らの革命論をさらに彫琢せしめる機会ととらえた――『フランスの市民戦争』によってであった。

ベンサイドは、ソ連邦の解体、それにマルクス主義思想の未曾有の危機に接し、一方で、マルクスの抽象的な歴史社会理論の防衛と再建に志し、他方で、時局的に、フランス政治の左派的推進のために多くの著作を公刊し、雑誌『コントルタン』の主要な編集者となって活躍した。

ベンサイドの名前は、革命家としてと同時に、何よりも、これらの著作群を通して、政治社会哲学者として遺《のこ》るであろう。たんなる革命的活動家・政論家としてではなく、彼が物事の根源をうがつ哲学者であったことは大きな意味をもっていた、と私は考える。死期迫る哲学者の彼にして初めて、マルクス主義思想の再建への大きな一歩は記されたのだ、と私は思う。

ベンサイドの著作で私が最初に手に取ったのは、ベンヤミン論であった。一九九五年六月、ベルギーとフランスを訪問した際、クリヴィンヌ宅に泊めていただいた時、書棚にその本があった。私が興味深げにその本を見ていると、クリヴィンヌは「俺には難しすぎて分からない、必要ならもってけ」と言うので、ありがたく頂戴することができたのだった。

その本が収めてあった書架には、五月革命後、国家反逆罪とかの罪で収監される直前のクリヴィンヌが母親と一緒に撮影された写真が飾ってあった。

クリヴィンヌの居宅は、パリ市北方郊外のサンドニに位置しているのであるが、フランス・トロツキスト党のトップの地位にいる彼も、他の労働者活動家と一緒に早朝のビラ撒きに出かけるのであった。

このクリヴィンヌといい、わがベンサイドといい、フランスのトロツキストの活動家・論客たちの意気軒昂ぶりと人間としての素朴な生き方に思いを馳せ、記憶にとどめるべきであろう。

『時ならぬマルクス』とともに世界へ

ベンサイドが猛烈な勢いで少なからざる書物を刊行するようになったのは、一九九五年の『時ならぬマルクス』を出版してからのことであった。この著作が公刊される前の数年間が、マルクス主義や社会主義イデオロギーがもっとも人気が無くなっていた時であったろうが、その年、マルクス復権の狼煙が高く上がったのは、まさしくベンサイドのその理論書の公刊によってだったと思う。その本の第一部は「歴史的理性の批判家マルクス」、第二部は「社会的理性の批判家マルクス」、第三部は「科学実証主義の批判家マルクス」を議論していた。それぞれの部は、現代のマルクス批判家の論議を紹介し、そのうえで、思想家マルクスは死んでなどいない、と結論づけていた。フランスのトロツキスト同志たちは「難解な書だ」と漏らしていたが、明解な論旨で、たちまち五千部が売れた、と本人に聞いた。私が最初に彼に会ったのは、一九九七年夏のことだが、まさしく『時ならぬマルクス』が引き合わせてくれたようなものだった。

一九九五年の著書の公刊後、ベンサイドは、先述のように、共産党の『リュマニテ』の紙面を飾る常連になった。著名な哲学者のジャック・デリダも注目し、自らのインタヴュー集『言葉にのって』（ちくま学芸文庫）では、マルクスについての対談相手にベンサイドを選んだ。私が見るところ、九五年以降、ベンサイドは世界のマルクス主義理論家の最高峰として評価されるようになった。

一九九八年五月に『共産党宣言』発刊一五〇周年の国際会議が開催された際、偶然、私はパリ第七大学での科学史の講義に出向いていたのであったが、その会議場にトロツキストが開いた臨時のミニ書店に、ベンサイドが書いて前年に出版したばかりの小冊子『スターリン主義に抗するコミュニズム――《共産主義黒書》に答える』が置いてあった。私が自分の出自を名乗ると、店番が気前よく、「代金はいらない、もってゆけ」と手渡してくれた。それは、当時ベストセラーになっていた『共産主義黒書』という反共産主義喧伝の本に、手際よく、古典的マルクス主義とその立場を継承したトロツキイの理論的観点から説得的に反論を展開していた。そして、その会議の閉会式がソルボンヌで開催された際、ベンサイドは講演者の一群の雛壇に座らされていた。彼にとっては、晴の舞台であった。

拙著『21世紀のマルクス主義』（ちくま学芸文庫、二〇〇六）のカヴァーデザインは、じつは、ベンサイドによる写真満載のマルクス伝の中から借用したものである。その他、私は、ベンサイドの著作というとほぼ網羅的に買い集めるようになった。パリの書店で、そして丸善を通して。

気さくな人となり

二〇〇二年秋には東京大学がベンサイドを講演に招聘した。フランス現代思想専攻の増田一夫教授の尽力のためであった。日本に到着した日の翌日早朝、私は恵比寿の日仏会館に旧知の彼を訪ねた。彼は、『時ならぬマルクス』の刊行されたばかりの英語版『われらの時代のマルクス』、それに、クセジュ文庫の『トロツキズム』三冊を遠路、私に持参してくれた。文庫版『トロツキズム』は、中国の老トロツキストからの要求で、余分の部数をもってきてくれたのであった。その日は、夫人とともに、横浜の中華街、それに横浜港を望む拙宅へと引きずり廻した。ピエール・ルッセから、ベンサイドはもうそれほど長くはもたない、と聞いてはいたのだが、滞日中は、精力的にさまざまな講演をこなし、私の所属する科学史・科学哲学研究室でも、グローバリゼーション下の世界資本主義の思想的諸問題について話してくれた。講演後、渋谷に呑みに出たが、太平洋からとれた鮮魚を食べながら、個人的なことをいろいろ話してくれた。

その時の話によると、ベンサイドが最初に学問的なことで関心を寄せたのは、現代フランス文学だったという。そういえば、ベンサイドの書物は、現代フランス語として明解で「読める」文章になっている。哲学者では、トロツキズムに近かったメルロ＝ポンティを「なかなかいいんじゃない」と評価していた。ベンヤミンについては、とくに彼の「歴史哲学テーゼ」は、ユダヤ人でないとよくは理解できないと言っていた。ユダヤ神学の精髄に基づいて綴られた文書だからであろう。マルクスもトロツキイもユダヤ知識人である。マンデルもそうであった。マンデルにいたっては、父の影響で、十三歳の少年期からトロツキストになり、三度も獄中から生還したという活動経歴の持ち主であった。戦後の彼の活躍は、戦前期からの延長だったのである。省みれば、私の学問上の師のトーマス・S・クーンもユダヤ人だ。

革命家ベンサイド

パリの五月革命をJCRの一員として先頭で闘ったベンサイドは、その後は、フランス、それからもっと広くヨーロッパ諸国の左翼労働運動を牽引した。ポルトガル革命についての彼の所見は、日本語になっている。

ベンサイドは一九九五年に『時ならぬマルクス』を公刊し、ほとんど時を置かず、社会党のリヨネル・ジョスパン（元トロツキストとも、「隠れトロツキスト」とも言われる）の新自由主義経済政策への荷担を糾弾し、そのために一冊を捧げた。大統領選挙で、保守派候補のシラクと、極右ル・ペンの国民戦線の決戦投票となった時、普通の左翼人が、ファシズム興隆を恐れて、シラクに投票した時、彼は譲らず、シラクには一票を投じなかった。もっとも、シラクの選挙での勝利に疑いをもたなかったためでもあろうが。

そういった理論活動にとどまらず、一九九〇年代末からトロツキスト諸勢力が共産党候補を選挙でも凌ぎ出すと、まったく新しい試みにも挑戦し出した。先にも言及したが、労働者の間で圧倒的多数派であった社会党とヘゲモニーの点で競争しようとし出し、新党結成へと動いた。私は、二〇〇九年に、ブザンスノーとの共著『旗幟鮮明に！』に目を通したのだが、ベンサイドの政治的意気軒昂ぶりには舌をまいたものだ。

こうして「反資本主義新党」は二〇〇九年初春立ち上がった。その新党はもはやトロツキスト・インターナショナルに帰属しない。まったく新しい社会主義運動への挑戦に大胆に踏みだし、こうした偉業を成し遂げたあと、ダニエルは逝ったのだった。第四インターナショナルは、遠からず、発展的に解消するであろう。そうして、本物の大衆的社会主義インターナショナルの創建への試みが雄々しく船出するであろう。

ダニエル・ベンサイドは、そのような彼にしかできない大きな歴史の創造に先鞭をつけた。ブラジルに生まれ、フランスで第四インターナショナルの隊列を一緒に率いていたミシェル・レヴィもダニエルと同じユダヤ人で、彼自身、ルカーチ論やベンヤミン論を書いているのであるが、アメリカのマルクス主義雑誌『流れに抗して』（二〇一〇年三—四月号）に「ダニエル・ベンサイド（一九四六—二〇一〇）憤怒の力」という追悼文を寄せ、無二の同志を偲んでいる。ダニエルのすさまじい闘いの意思は、たしかに同時代に対する「憤怒の力」が生み出したものなのかもしれない。そしてダニエルは、自らの病気が「死に至る病」であったがゆえにこそ、晩年、獅子奮迅の闘いに挑んだのだと私は思う。レヴィによれば、ダニエルは、自らの政治思想を新しい語彙をもって表現していたという――「エココミュニズム」という名称にほかならない。

パリ五月革命からパリ・コミューンの再認識へ

東北大学における私の先輩にあたる渡部實氏（氏は医学部に学び、私は数年遅れて理学部で数学を専攻した）が今回邦訳して公刊することになったベンサイドの『未知なるものの創造――マルクスの政論』は、以上で私が素描したベンサイドの生き様の革命的根源がどこにあったのかを教えてくれる貴重な文献である。彼は自らが闘ったパリの五月革命の経験を思想的バネに、本書の考察の対象である一八七一年三月からの短命のパリ・コミューンを詳細に論じ、さらには行きつ戻りつしながら、フランス大革命にまで遡ったり、一八三〇年の七月革命に言及したりし、マルクスが本格的に考察の対象としてかかわった一八四八年の二月のパリ革命を中心とするヨーロッパの諸革命に焦点を合わせたかと思えば、一九一七年秋のボリシェヴィキ蜂起とその直前になったレーニン『国家と革命』の著作の意味を解説してみせる。はたまた、政治権力の在り方をめぐっては、ブルジョワ民主主義の固定的見方に大胆な批判を加える一方で、民主主義的手続きを無視し、暴虐を働いた廉で、スターリン主義官僚制を批判することをも忘れてはいない。文面には、ミシェル・フーコーの権力論の非凡さの指摘までもが現われる。

私はと言えば、これらのフランスの革命的諸事件の中で、一八三〇年の七月革命に若干の光を投じえたにすぎない――専門の数学史に関する拙著『ガロワ正伝――革命家にして数学者』（ちくま学芸文庫、二〇一一）をもって。

ベンサイドの歴史分析の先鋭さは、結局、マルクスの政論に習ったものであった。彼は、マルクスが、ブルジョワジーの既成権力に容赦ない批判の刃を振るうと同時に、労働者階級が建設すべきであると見なした「プロレタリアート・ディクタートゥーラ」による政体も、ステレオタイプとして定式化できるものではけっしてなく、歴史的コンテクストに依存したじつに柔軟な概念であったことを明らかにしようとする。

ベンサイドは、二〇〇二年秋に東大・駒場キャンパスで講義した折に、カール・シュミットの「ディクタートゥーラ」論を紹介し、古代ローマの「ディクタートゥーラ」概念が、執政官＝「ディクタートル」に一時的に権力を委任する制度であったことを説いた。すなわち、古代の「ディクタートゥーラ」の制度は、暫定的な「委任統治」にすぎなかった。ところが、近代ヨーロッパにおいて、その概念は、「主権統治」に姿を変えてしまった。私が拙著『21世紀のマルクス主義』で展開した「ディクタートゥーラ」論は、その時、ベンサイドが紹介した議論を私なりに展開し直したものにほかならない。そのように、ベンサイドは、多くの文献を渉猟しながらも、学者的ペダンティズムに陥ることなく、つねに現実のフランス政治を念頭に置きながら、自らの持論を紡ぎ出していたのであった。

マルクスの政論は、ベンサイドによれば、簡単に表現すると、「未知なるものの創造」であった。その語句は本書のタイトルとしても使われている。換言すれば、既成の定式に拘束されることなく、つねに柔軟に現実に対し、「未知なるものを創造」してゆくのがマルクスの弁証法的政論であったととらえ、自らもその思索の軌跡に学んでいるのだとするのである。まさしく、ベンサイドの現代的政論は、「マルクスの学び《まね》」にほかならなかったのだ。

そもそも、西洋哲学に基礎が据えられたのは、プラトンによってであったとされる。ホワイトヘッドは、西洋哲学の歴史はプラトンの著作への註釈にすぎないと喝破したが、誇張表現ではあるものの、本質を衝《つ》いている。そのプラトンの思索の根源は、弁証法――ギリシャ語での「ディアレクティケー」――であった。私自身はその語を「対話論法」と訳すが、日本でも中国でも、「弁証法」と訳される倣いである。弁証法の起源として、普通ヘーゲルが挙げられるのがつねであるが、それは短見である。弁証法は古代ギリシャで生まれた。とりわけ、プラトンはその討論技法の鼻祖にあたる。対話的、批判的に思索を鍛え上げ、その思索もつねに未完の状態にとどまるとし、「未知なるものを創造」しようと模索してゆくのが、弁証法的思考法の本質である。マルクスは、その思考法をヘーゲルから学んだ。そして、ヘーゲルは、古代の懐疑主義とプラトンの弁証法を、もっともよく学んだ近代哲学者であった。ベンサイドは、その弁証法的思考法をマルクスから学び、そして同時代の政論の展開の仕方をも、同じマルクスから学んだのであった。

私は先に、ベンサイドがマルクス主義と社会主義がもっとも困難な時代に、マルクス主義理論の根源を復権させようとした思想家として規定されると指摘し、そのことには彼が哲学者であったことが大きな意味をもっていたと書いた。そのことは、ベンサイドの思索の仕方が先鋭な弁証法的思考法に裏打ちされていたことから、もっともよく理解される。

省みれば、ベンサイドの最高の理論的著作は、一九九五年刊の『時ならぬマルクス』であった。その英語版は『われらの時代のマルクス』という標題で、二〇〇二年に刊行された。彼は私に出版されたばかりのその英語の本を来日時に持参してくれ、とてもよい訳に仕上がっていると称賛したものだった。ベンサイドのその主著は、今もってまったく古びていない。邦訳されるべきである。

私は文字どおりの拙著『21世紀のマルクス主義』を筑摩書房から二〇〇六年秋に公刊したのだが、その小冊は幸いにして、発売直後に重版を勝ち得た。中国社会科学院の新聞に、わりと好意的な書評も出た。が、今は絶版状態である。時勢から遅れてしまったがゆえであろう。私は、その増訂第二版を執筆し、出版したいと希望している。ベンサイドらによるフランス新党結成や、二〇一一年の東日本大震災による原発災害、さらに安倍晋三による右翼政権誕生といった新状況をもにらみながら——。その改訂版刊行は、同世代の無二の盟友であったベンサイドの弔い合戦の意味をもつはずである。

その小冊を刊行する以前の拙著の『マルクス主義科学論』（みすず書房、一九九七）は、スターリン主義官僚政治を批判すると同時に、レーニンの遺書的な小論「量は少なくとも、質は良いものを」やトロツキイの『文学の革命』に体現された、彼らの文化政策の現代的復権を狙った書物である。彼らの政策は、スターリンらの「急進的」文化政策とは異なって、ごく「保守的」と規定できる性格をもっていた。そのような考察に依拠することによって、一九二九年から発動される卑俗に定式化された「マルクス-レーニン主義」の思想を旗幟とする「文化革命」とともに始動したスターリン主義的科学哲学を批判した本であった。

一九六六年から十年間にわたって展開された毛沢東の「文化大革命」はスターリンの「文化革命」に倣った色彩が濃厚である。現代中国では、その悲劇的な歴史的事件を肯定する論客は、私が知るかぎり、ほとんどいない。ところが、日本でその拙著を真剣に読んでくれた人はそれほど多くはなかった。一般の心ある知識人は、それなりの仕方で眼を通してくれたようであるが、本来、私の味方であるべき「トロツキスト」には「高級」すぎたようだ。それにとどまらず、日本の自称「トロツキスト」は、以前は、「文化大革命」のさらなる左派的・急進主義的牽引を唱道し、論集まで出版したのであったけれど、今もって、そのような左派的幻想にしがみついているのではないのか？

ベンサイドらは、社会主義的民主主義の思想をヨーロッパの運動に定着させようとしたマンデルの遺産を継承させた。そうして、マルクスとエンゲルスが彼らの「プロレタリアート・ディクタートゥーラ」概念をもって定式化せしめた革命論を、原点＝原典から見直そうとした。そうして世に問うたのが本書『未知なるものの創造』なのであった。日本のトロツキストたちは、私が知るかぎり、マンデルらの社会主義的民主主義概念の唱道の試みを、「社会民主主義的」と一蹴しようとしたのではなかったのか？

マルクスとエンゲルスは、パリ・コミューンの悲劇的経験を奇貨とし、そしてその経験を革命的遺産として基本的に肯定的に尊重しながら、それが孕んでいた弱点をも冷厳に学んでいた。レーニンやトロツキイもそうであった。「敗軍はよく学ぶ」のである。ベンサイドの『未知なるものの創造』は、彼らの衣鉢を継ぐ志をもって編纂され、解説されたものなのである。

あるいは、人は現代において、パリ・コミューンのような、それから、ロシア十月革命のような蜂起は非現実的である、と考えるかもしれない。が、そう考えるのは早計であろう。

二〇〇八年秋に起こったリーマン・ショック以降、慢性的な世界の経済危機は続いている。グローバル化した金融資本主義は、高度な数学理論を駆使しながら金融投機を普段に試みる国際的金融資本が動かしている制度なのであるが、現行の経済の長期的危機の根底に横たわっている。ギリシャやキプロスの現在の深刻な財政危機も、結局、そこに帰着される。南欧の人々の「怠け癖」が根因なのではない。

二〇一一年、アメリカの学生を中心とする若者たちは、巧妙な金融取引ゲームから入る巨大な利益は極私的に自分のポケットに入れ、損失が出来ると、紅顔にも、その補償は公的に（「社会主義的に」！）なされるべきであると発言してやまない新自由主義的金融資本家の支配者の「一％」に異議申し立てし、自分たちこそ、民主主義的多数者の「九九％」だ、とウォール街を占拠した。そのような運動は、公的権力によって強制的に排除されて、今は沈静しているものの、その沈静は一時的なものにすぎない。

二〇〇一年九月十一日のニューヨークの世界貿易センター（ＷＴＣ）とワシントンのペンタゴンを

航空機で襲った同時テロは、野蛮きわまりない所行でしかないが、それぞれ、マンハッタンの最南部のウォール街とアメリカの軍事的中枢を狙った点では的確極まりなかった。ただ、イスラーム原理主義の政治的短絡が取り返しがつかないほど愚劣で、未熟過ぎた。

どこでも、アメリカの学生によるウォール街占拠闘争のような運動は起こりうる。そのような運動は、いつ新しい大規模な「パリ・コミューン」に発展するか分からない。それこそ、「未知なるものの創造」にほかならない。

そのような注目すべき社会運動は海外で起こりうるにすぎない、日本の若者は意気消沈している、と多くの人が考えるかもしれない。そうではない。二〇一一年三月の東日本大震災の一環として、もっとも深刻な福島第一原子力発電所の大事故が勃発した。その後、原発政策の発信源である経済産業省や、現場責任を担う東京電力を、抵抗する人々のデモンストレーションが包囲した。そのような試みは、多数の人々によって波状的に繰り返されている。

原子力発電を推進している閉鎖的グループは総称して「原子力村」と呼ばれる。その学問的中心に東京大学が位置している。一九八〇年から二〇一〇年まで、私は東京大学の教職に三十年間就いていたのであるが、高木仁三郎氏にごく親しい少数の反原子力派の科学史家であったために、当然、迫害の標的になった。経済産業省の前身の通商産業省の役人からは呼び出しを受け、東大原子力関係学者、東電幹部、大銀行役員たちからなる「原子力村」の面々から包囲され、攻撃された――もっとも、「紳士的に」言論によってであったものの。東大工学部の若手学者は、わざわざ私を新潟の柏崎・刈羽原発に引率して、見学させてくれた。彼曰く、「先生、原発ってきれいでしょ」――この言葉どおりではなかったかもしれないけれど、そのような趣旨の発言であった。物理学者の学部長からは、政治的-学問的パージを予告された。国立大学の独立行政法人化が決まった直後の二〇〇〇年初夏のことであった。

人はさらに、多くの人の抵抗にもかかわらず、安倍晋三の右翼政権が再登場してしまった、彼によって原発の再起動も既定事実になった、と考えるにちがいない。そうしてため息をつくかもしれない。絶望だ、抵抗をしても仕方がない、あきらめよう。

革命は革命家による普段の革命的煽動によって初めて起こる――人々はこう思いなすかもしれない。そうではない。少なくとも真理の半分でしかない。革命は、むしろ、それに正面から楯突く「過激な反革命的政策」が打ち出されて、その反作用として初めて現実になる。広範な人々の爆発的蜂起は、そのようにして可能となる。「未知なるものの創造」が可能となるのである。ベンサイドが思考する世界にほかならない。

本書が日本の読者に教えてくれるもの

それでは、本書が日本の読者に語りかけてくれる現代的教訓とはなんなのであろうか?

周知のように、フランスでの現代の政局は大きな展開をみせ、二〇一二年の大統領選挙では、社会党政権が誕生しただけではなく、それよりも左派の左翼大連合の候補が登場するにいたった。共産党もトロツキスト諸党も、独自の候補をもはや擁立しなかった。このような左翼大連合は、じつは先述のクリヴィンヌが一九九〇年代後半から呼びかけていた統一戦線から生まれた。彼は、社会党や共産党の有力者との個人的関係をもち、社会党、共産党、緑の党、トロツキスト二党（クリヴィンヌ自身のLCRと「労働者の闘争」派）は、集会ではたがいに他党を招請しあって、政治的連携を深めていた。それが、二〇一二年の選挙での社会党の左に位置する左翼大連合として結実したのであった。

私は、旧共産党勢力とそれの左翼に位置するトロツキスト諸党の溝が簡単に埋められるとは夢思わない。しかしながら、現下の日本の、安倍右翼政権が誕生し、社会民主党も共産党も勢力を著しく減退せしめている政治情勢において、かつての党派の枠組みに縛られることなく、新しい左翼の抜本的な再出発が必要な時期を迎えているのではないかとの思いを強く抱くにいたっている。

私は物心ついた時から、左派勢力、そしてマルクス主義思想というと、トロツキズムの観点から思考を組み立ててきた。その点で、本書の訳者にして東北大学の先輩の渡部實氏とはスタンスがちがう。クリヴィンヌは、私の思想に日本共産党員の幾人かが関心を寄せ始めている私が漏らすと、「それはきわめて大事なことだ、誠実に対応すべきだ」と忠告してくれたものである。その忠告は、けっして、トロツキズムが正しかった、その思想にかつてスターリン主義政治思想をかついだ共産党員は馳せ参じるべきだということを含意しはしない。日本のコンテクストで言えば、いわゆる「トロツキスト」

もスターリン主義のくびきからまったく自由というわけではなかった。私の理解によれば、日本共産党が以前の戦術極左的路線を排して、現在の路線に近い政治方針を据えた時点で、日本のトロツキズムは船出した。それ以前は、山西英一だけが、一九三〇年代のロンドンから持ち帰ったトロツキイの思想を翻訳をとおして、紹介していたにすぎなかった。このような一九五〇年代半ば以降の政治思想状況のゆえに、一貫して、戦術的に左派であることが「トロツキズム」のイメージに付いて廻ることとなった。そのような出発点から、中国の「文化大革命」をさらに左翼的に牽引させようとし、民主主義的原則に否定的な反応を示す、現代日本の「トロツキスト」諸勢力がはびこる遠因が生まれた。思うに、現在、社会民主党や共産党の低迷を彼らが突破できると考える者は多くはいないだろう。

私は、二〇〇二年五月二十七日、南京で「日本陳獨秀研究会」を立ち上げ、その会長に就任して、現在にいたっている。その日は、ちょうど獨秀死して六十年後の命日であった。中国で、「托・陳派」、すなわち「トロツキイ・陳獨秀派」は、民主主義的な、相対的には「右派」を意味する。毛沢東主義者は、武装闘争を基本として現代の中華人民共和国を建国せしめたので、戦術的にはより「左派」に位置し、都市労働者に拠点をもっていた「托・陳派」が、相対的に「右派」だと見なされたからにほかならない。しかし、今日では、陳獨秀に「右派機会主義者」＝右翼日和見主義者のレッテルを張るのはよくないことと考えられるようになっている。

私が英文で綴った小論「陳獨秀——根元的民主主義の永久革命者」をダニエルに見せたところ、フランス語の雑誌『インプレコール』のために、仏語訳させ、掲載してくれた。二〇〇三年夏の号であった。彼の革命的心の琴線にも触れるところがあったのだろう。

簡単に言えば、日本共産党のかつての遺産を継承しようとする者も、日本のトロツキストも、ともに古典的マルクス主義の正の財産を引き継ぐと同時に、スターリン主義の負の遺産をも継承している点で、同断なのである。戦後の日本共産党を率いた宮本顕治氏が、トロツキイの『文学と革命』の好意的理解者であったことを知っておく必要がある。トロツキズムの誕生は一九〇六年で、スターリン主義が始動したのはレーニンの一九二四年の死去前後と見られるから、トロツキズムのほうが生誕の時期が早い。スターリン主義成立以前だったら、両者は、当然、同じ隊列を構成していただろうと想像するのは、それほど突飛な発想ではないであろう。スターリン専制政治以前に帰ることが枢要である。その意味からも、私たちは、政治思想と組織の双方の点で、大胆に「未知なるものを創造」しなければならない。

パリ・コミューンの最後の舞台は、現在ペール・ラシェーズ墓地の東北に位置するその墓地の壁面に近い所で、今は「嘆きの壁」と呼ばれる。コミューン戦士は、仕舞いに、その壁にまで追い込まれ、ティエールの軍隊に銃撃されて、ほとんどが例外なく殺害されてしまったのであった。現在、その壁の周囲には、著名な左翼人の墓が建てられる習いとなっている。

共産党の名士は言うまでもない。わがマルクス主義の師マンデルの墓も、その近くにある。「自分が死んだら、墓を〈嘆きの壁〉付近に建てよ」というマンデルの遺言に、クリヴィンヌらは巨額の資金がかかるのを理由に当惑したと言われる。にもかかわらず、私はパリ訪問の機会があると、マルクス主義上のわが旧師の墓に詣でるのをつねとする。

ヴィクトル・ユゴーの『レ・ミゼラブル』の最後に、そのロマンの主人公ジャン・ヴァルジャンが死去した際に、彼の墓は、なるほどペール・ラシェーズ墓地に作られたのだが、その墓石にジャン・ヴァルジャンの名前は刻まれることはなかった、と書かれている。ダニエル・ベンサイドは死して、ペール・ラシェーズ墓地の「嘆きの壁」周辺に立つ左翼名士たちのように豪勢な墓など拒否したのでは、と想像する。けれども、彼の少なからざる卓越した著作を読者がひもとくことは真剣に願ったとは思う。

私は、ダニエル・ベンサイドと同時代に生き、同じ隊列の中で闘いえたことを誇りに思っている。そして、本書への「連帯の辞」を遠方の中国北京で執筆できたことを幸甚に思う。

（二〇一三年三月、中国科学院大学人文学院　北京玉泉路の研究室にて）

訳者あとがき

渡部　實

一八七〇年のフランス＝プロイセン戦争、パリの攻囲、コミューンのさなかに、マルクスとエンゲルスは事態を気遣う熱烈な手紙を取り交わす。

本書はコミューンを巡る名高い様々な文書によってその内容を明らかにしたものであるが、そのうちのひとつが一八七一年五月三日のインタナショナルへの呼びかけ（『フランスにおける市民戦争』）である。

それはそれより二〇年前に『ルイ・ボナパルトのブリュメール一八日』『フランスの階級闘争』で着手されたマルクスの仕事の続きであることが見てとれるが、そこでは近代国家、国民戦争、ボナパルティズム、民主主義、政治的代議制における社会階級の変容などの問題が輻輳している。

パリ市民の蜂起にたいする団結の必然性は、当事者たちの矛盾や無定見さによる錯綜を前にしても批判的明晰さをいささかも失わせてはいない。

マルクスが経済学の理論家以外の何者であるのか、それがダニエル・ベンサイドが本書の冒頭で述べた設問である。

「進歩の装置や運命の完遂というものではなく、歴史とは事件が、個々人が、それぞれの特質が所を得ており、可能性は現実よりも現実性に乏しいものではない。現世の歴史は、神の定めたものでも科学の賜物でもない。戦略的な歴史は分岐点での紛糾のもとで繰り広げられるものである」

現実態において可能と不可能を先取りし、したがって実際の行為において適用不可能なその計画と意図においてさえ深い意味を有しているコミューンをめぐる渾身の一冊である。

以上は本書の裏表紙に書かれたものだが、本書の趣旨を見事に要約しているものと思う。

ところでコミューンが敗れたのはなぜか？　どこに弱点があったのか。

マルクスは一八七一年四月六日、コミューン宣言と式典が行われた三月二八日の後一〇日もたたない日に、リープクネヒト宛てに手紙を書いた。

「パリの連中は負けそうな様子だ。それは彼らの罪だがが、実際あまりに人が好すぎたことからきた罪だ。中央委員会、そしてあとではコミューンが意地悪小人のティエールに敵対諸勢力結集のための時間をかしたのだが、①それは彼らが愚かしこくも内戦を開始しなかったからで、ティエールはパリを無理やりに武装解除しようとしたが、それによって彼らは内戦を開始したのではなかったか。国民議会がプロイセンとの和戦いずれかを決するだけのものとして召集されていながら、ただちに共和国に対し宣戦を布告したのではなかったのか。②権力簒奪の外見につきまとわれまいとするために、彼らは貴重な瞬間を（パリでの反動の敗北、ヴァンドーム広場ののちにただちにヴェルサイユへ進撃するべきだったのだ）コミューンやその諸組織等の選挙によって失ったし、またそのために時を無為にすごした」と述べている。同様なことを四月一二日付けのクーゲルマンへの手紙でも述べている。
　また彼は一八八一年二月二二日付けのニーウェンホイスへの手紙では、「彼らにいくらかでも常識があれば、全人民大衆にとって有利な妥協――その当時かちえることが可能であったただひとつのもの――を、ヴェルサイユ側からかちとることが出来たでしょう。フランス銀行の接収だけでも、ヴェルサイユ派の大威張りの幕を恐怖のうちに閉じさせたでしょう」と。

　C・タレスの『一八七一年のコミューン』の序文で述べたトロツキーの見解を紹介しよう。彼はマルクス　エンゲルスをふまえながら「コミューンの歴史を研究するたびごとに、我々は、その後の革命闘争によって獲得された経験のおかげで、新しい視点のもとにそれを見る。コミューンは我々に、労働大衆の英雄主義、単一のブロックに団結する彼らの能力、未来のために自己を犠牲にする天分を示す。しかし、同時にまたそれは、自己の道を選ぶ上での大衆の無能力、運動の指導における彼らの不決断、最初の成功のあとで立ち止まるという彼らの致命的傾向をも示す……一八七〇年九月四日以来、パリのプロレタリアートは、ビスマルクさらにはティエールなどの過去の権力に反対して、直ちにフランス労働者の先頭に立つことができたし、またそうすべきであった。ところが、プロレタリアートは党も指導者ももたなかったので、権力は民主主義的なおしゃべりたちの手に落ちた……その結果は革命が大衆のただなかであまりにおそく勃発することであった。パリは包囲されていたのだ……三月一八日に権力がパリのプロレタリアートの手中にあったとしても、それは意識的に奪取されたのではなくて、敵がパリを見棄てたからである……勝利をおさめるやや否や国民軍中央委員会は大急ぎで責任をふりすてた。中央委員会は、右翼から身を守り、合法性を手に入れるために選挙を考えた。政治的策略か、それとも巧妙さだろうか。否、それは幼稚さであった」としている。

トロツキーは一八七一年三月一八日を一九一七年一一月七日と比較する。

「パリでは、革命的指導集団の側の行動のためのイニシアティブが、絶対的に欠如している。ブルジョア政府によって武装されたプロレタリアートは、事実、都市の主人公であり、権力の物的手段のすべてを手にいれている……しかしプロレタリアートはそれを理解していない。ブルジョアジーは巨人からその大砲を盗もうとする。この試みは失敗する。政府は恐慌状態に陥ってパリからヴェルサイユへ逃れる。活動は思いのままだ。しかしプロレタリアートが、自分がパリの主人公であることを知ったのは、その翌日でしかない……ペトログラードでは党は権力の奪取に向かって、強く決然として進んだ」

「この時期に、選挙をもてあそぶことは大きな誤りであった。しかしひとたび選挙が行われ、コミューンが再結集された以上、一挙に全面的にコミューンに集中し、それによって国民衛兵を再組織する現実的な力をもつ機関を創る必要があった。しかしそうならなかった」

そして言う。「選挙された指揮権は軍事＝技術上の関連において、また秩序と規律の維持にかかわる点において、もっともしばしば、かなり弱体なものである……革命は経験を積んだ確かな組織者によって構成される機関を創り出さねばならないし、人々がその組織者に絶対の信頼をおき、また命令を選択し、指示し、教えこむための完全な権力をあたえることができなければならない」。そしてきびしく結論する。「要するに、それは進展しつつあったプロレタリア革命を、コミューンの自治という小ブルジョアジー的改革でおきかえようとするひとつの試みにすぎなかった」。

このトロツキーの知的で力強い分析もH・ルフエーブルにとっては不満足である。彼は言う。「トロツキーの評価の大部分は、我々の分析と評価の基礎であり、今後もそうであろうマルクスとレーニンの文献を反映していることを忘れないでおこう。とはいえ、トロツキーにおいては、〈歴史〉を条件法で書きなおすという悲しむべき傾向が顕著である。もしパリのプロレタリアートが政治的指導者、大衆組織と党をもっていたならば、ボナパルト体制の崩壊直後に権力を握っていたことだろう。もし一八七一年三月の革命が、非凡で定評のある指導者をもっていたならば、コミューンの部隊はヴェルサイユへ進撃し、ティエールを田舎者たちと一緒に潰走させていたことだろう。もし人間や、事件と事物が異なっていたならば、すべては異なっていたことだろう……」。

「これは我々が回顧的照明と呼んだもの、つまり潜在的なものによって現実的なものを照らすことの危険ではなかろうか。疑いもなくそうである……状況に必須の要素が欠如している時、革命的状況が存在しうるのであろうか……「もし一八七一年の人々がマルクス主義を知っていたとしたら、彼らは勝利していたであろう」という推論の詭弁性は明らかである。第一に、もし彼らがマルクス主義を知っていたならば、マルクスの文書から我々が知っているように、マルクスが強く止めようとした

〝天を撃つ試み〟をしなかったことだろう。第二に、マルクスの思想が我々の知る形での〝マルクス主義〟に完全になるのは、コミューンのあと、またそれがマルクスに促した反省のあとでしかない」（ルフェーブル『パリ・コミューン宣言』から）

条件法で歴史を書きなおす傾向は、つきつめると「現実の名において過去を明らかにすることではなくて、過去の名において現実を弁護することをめざすことになる」。

パリ・コミューンを通奏低音とする本書においても我々はこのルフェーブルの忠告にしたがって、その後のロシア革命の展開、そして現在、未来への教訓を読みとりたいと思う。

なお、ここで本書冒頭部分に紹介した一八七一年四月一七日付けのマルクスがクーゲルマンにあてた手紙を熟読玩味していただきたい。

さて、コミューンの最後の段階におけるパリ市民の日常生活の一端を、リサガレイ（邦訳『パリ・コミューン』上下　現代思潮社　喜安・長部訳）によって紹介しよう。

「この大都会に夕暮れが訪れる。劇場が開く。ジムナーズ座、シャトレ座、テアトル＝フランセ、アンビグ＝コミック座、デラースマン座は毎晩大入り満員である。九時だ。チュイルリー宮の音楽会にまに合った。中庭に面した回廊のところで三つのオーケストラが演奏する。この催しの中心は〈元帥の間〉にある。一〇カ月ほど前までは、ボナパルトとその幕僚たちが君臨していたこの部屋では、アガール嬢が、ヴェルサイユ派の新聞に辱めを加えられていたユゴーの『懲罰』と『偶像』の朗読をする。モーツァルトやマイヤベールなどの偉大な作品が、帝政時代の猥雑な音楽を追い払ってしまった。中央の大窓を通って、快い調べが庭園に広がっていく。楽しげなランタンやランプの光が、芝生のうえに星をちりばめたようにきらめき、梢を踊り、噴水を彩る。人々は木々の茂みのなかで、笑いさざめく。暗闇に包まれたシャン＝ゼリゼの大通りは、かつて一度も出会ったことのない、この民衆のという主人にたいして抗議しているように見える。ヴェルサイユもまた、砲弾を撃ちあげて抗議をおこなっている。砲弾の光は凱旋門を青白く映しだし、この偉大な内乱のうえに、その大きな影を落とす……。

この日の二時半にチュイルリー宮殿の木陰の下で、コミューンの未亡人と孤児のための大音楽会が開かれた。春の装いをこらした娘たちが、緑の木陰を彩っていた」

これが「血の一週間」(LA SEMAINE SANGLANTE) の始まる前日、五月二一日の出来事である。コミューンの行った事業は、本文の中に（これが全てではないと断りながら）示されているが、プロレタリアートのディクタトゥーラの発現としての、パリ・コミューンの「稚拙さと偉大さ」の内実を象徴する出来事として紹介させていただいた。

コミューンの精神を現代に復活させ、一四二年前の敗北を人類全体の勝利に転化させるために、コミューンが内包する未来への課題を我々が背負うことは我々の義務であり権利でもあるだろう。付言すれば『フランスの内乱』の題名で翻訳し岩波書店から刊行された木下半治氏は、あの「日本資本主義発達史講座」を主導した野呂栄太郎氏との分担執筆でその仕事を始められたと言う。

次にディクタトゥーラというものを理解するために、国家についてのエンゲルスの見解を紹介しておきたい。

「マルクスと私は、一八四五年以来、将来のプロレタリア革命の最終の結果のひとつは、国家という名のついた政治組織の漸次的な解消、究極的な消滅であろうという見解をもちつづけてきました……無政府主義者は物語を逆立ちさせています。彼らは、プロレタリア革命は国家という政治組織を廃止することからはじめなければならない、と言います。だが、プロレタリアートが勝利ののちに、勝利した労働者階級がすぐ使えるかたちで見出す唯一の組織が、まさに国家なのです。この国家はあらたな機能を果たすためには、改造を必要とするでしょう。だが、このような時点でそれを破壊することは、勝利した労働者階級が、その助けをかりて、新しく奪取したその権力を有効にはたらかせ、資本家というその敵を制圧し、社会経済改革を遂行することのできるただ唯一の機構を破壊することになるでしょう。この社会の経済改革がおこなわれなければ、勝利全体が敗北と、パリ・コミューン後のそれと同じような労働者階級の大量虐殺に終わらざるをえないのです」（一八八三年四月一八日　フィリップ・ヴァン・パッテンへの手紙）

またゴータ綱領で人民国家が自由国家に変えられていることを批判して、「文法的に言うと自由国家とは、国家がその国民にたいして自由であるような国家、したがって専制政府をもつ国家のことです。国家にかんするこうしたおしゃべりは、いっさいやめるべきです。ことに、もはや本来の意味での国家ではなかったコミューン以後は、なおさらです。すでにプルードンを批判したマルクスの著作や、その後の『共産党宣言』が、社会主義的社会秩序が実現されるとともに、国家はおのずから解体し、消滅する、とはっきり言っているにもかかわらず、我々は人民国家のことで、無政府主義からあきあきするほど攻撃されてきました。けれども、国家は、闘争において革命において、敵を強力的に抑圧するために用いられている一時的な制度にすぎないのだから、自由な人民国家について語るのは全く無意味です。プロレタリアートがまだ国家を必要とするあいだは、プロレタリアートはそれを自由のためにではなく、その敵を抑圧するために必要とするのであった、自由について語れるようになるやいなや、国家としての国家は存在しなくなります。だから我々は、国家というかわりに、どこでも共同社会という言葉を使うように定義したい。この言葉は、フランス語の〝コミューン〟に非常によくあてはまる、昔からの良いドイツ語です」（一八七五年三月一八—二八日　アウグスト・ベーベルへの手紙）

論旨は極めて明快である。これによってエンゲルスが下した判断、「パリ・コミューンを見たまえ、あれがディクタトゥーラだったのだ」という意味も理解できるし、ベンサイドが本書で解説していた、ABOLITION 以下の言葉の解説もわかろうというものである。

コミューンは「階級闘争を廃止するものではない。労働者階級は、階級闘争を手段として、すべての階級と、したがってまたすべての階級支配とを廃止することに努めるのである……しかしコミューンは、この階級闘争が最も人道的な仕方でそのさまざまな局面を経過することのできるような合理的

環境をつくりだす」（『フランスにおける市民戦争』第一草稿）

さて「膨大な官僚・軍事組織をもち、複雑多岐で生硬な国家機構をもったこの執行権力、五〇万の軍隊とならぶもう五〇万の官僚軍、網の目のようにフランス社会の肉体にからみついて、そのすべての毛穴をふさいでいるこの恐ろしい寄生体、それは、絶対君主制の時代に、封建制度の衰亡のさいに発生したものである」（『ブリュメール一八日』）「コミューンは、二つの最大の支出源――常備軍と官僚制度――を破壊することによって、ブルジョア諸革命のあの合言葉、安上がりの政府を実現した」

帝政ロシアについてもこの官僚制度についてはことは事情は同様のものであったろう。「ブルジョアジーの居ないブルジョア国家（レーニン）」はそれほどまでにプロレタリア国家ではない。そこはその上に権力の職業的危険性が育まれ、それに保護されて社会の官僚制の肉瘤の新しい形が育つ温床ともなっていくのである。

経済再建の領域でプロレタリアートのディクタトゥーラの創造性を誰が実現すべきなのか、とコロンタイら労働者反対派は「権力の職務上の危険性」と、党の管理中枢が今だ見てみぬふりをしている官僚化に注意を喚起する。「産業に直接むすびついた者のみが生きた革新を産業に導入することができるのである。それとも直接の生きた産業から切り離され、構成も諸階級混合のソヴィエト機構なのか。これが党の亀裂の根源なのである」。下部は、批判の自由を要求し、官僚制が彼らを窒息させ、彼らの活動やイニシアティヴの発現のために必要な自由を無いも同然にしている。つまりは「官僚政治は我が党の奥深くまで浸透し、ソヴィエトの機関を貫いて蝕んでいる厄災である」と。（A・コロンタイ『労働者反対派』一九二一年一月）

ボルシェヴィキたちは、制度上の問題については民主主義の賭けをみくびってしまった。事実上の武力で行った憲法制定議会の解散をめぐる論争が証明したことがまさにこのことである。ローザ・ルクセンブルクは断固として主張した。「新しい憲法制定議会のために新しい選挙を遅滞なく命じることが必要だったのだ！」。ドイツの議会政治を経験した彼女の目からみれば、そこに賭けられているものは、社会主義的民主主義の活力と有効性であり、世論のもつ重要性であった。民衆の政治生活の脈波を躍動させ、社会制度に付きものの不完全さを是正する矯正策が噴出したであろう生き生きとした源泉、積極的でエネルギッシュな力を解放すること、プロレタリアートのディクタトゥーラにとっては、そこに生命の源が、それなしには存在することができない息吹がある、と、おそらくパリ・コミューンから学んだにちがいないローザは譲らない。そして続ける。「普通選挙がなく、制限のない出版と、結社の自由がなく、とらわれない言論の闘いがなければ、生活はすべて公共制度のもとで衰弱し細々としたものになり、官僚制だけが唯一活発な要素として残る」。

ツァーリズムで蓄えられた官僚制が新たに変形して残存し、この温床のもとに発生したのがあの忌まわしいスターリニズムであると思うのは私一人であろうか。レーニンはコミューンの歴史をほとんど暗記していたという。今我々はパリ。コミューンから多くのものを学ばなければならない。

以上、本文を理解する上で強調すべきポイントをいくつか挙げてみたが、問題はこれらに留まらない。

帝国主義が本格的な展開を見せるようになった一九世紀半ばの段階でマルクスとエンゲルスはすでにその後の世界大戦を予測していたこと、ボナパルティズムは後のファシズムへと形を変えたこと、「代議制の謎」はその後一八九五年三月六日のエンゲルスの『フランスの階級闘争』への序文に示されているように「多数者革命」の論理に発展していったこと、革命に「万能通行証」はないこと、資本の集中点である都市の問題、など本書およびそこから演繹される重要な論点が提示されているが、これらを歴史の弁証法的発展を確信している著者の姿勢とともに学びとりたいものである。

この書を上程するに当たり、本書を紹介してくださった湯川順夫氏と、賛辞を寄せていただいた畏友、現中国科学院大学教授の佐々木力氏、翻訳をチェックして下さった閨秀フランス語研究者の田谷志保里さんに心からの感謝の意を表させていただきます。

訳者略歴

渡部　實（わたなべ・みのる）

医師（外科医）、医学博士、前日本外科学会認定医。

1942年、会津若松市生まれ。県立会津高等学校を経て東北大学医学部卒業。全日本民主医療機関連合会に属し、東京勤労者医療会代々木病院外科部長などを歴任。現在、老人保健施設　千寿の郷にて医療に従事。

共訳書に、アントニオ・ラブリオーラ『思想は空から降ってはこない』、同『社会主義と哲学』（以上、同時代社）がある。

未知なるものの創造　マルクスの政論

2013年6月5日　　初版第1刷発行

著　者　　ダニエル・ベンサイド
訳　者　　渡部　實
発行者　　高井　隆
発行所　　株式会社同時代社
〒101-0065　東京都千代田区西神田 2-7-6
電話 03(3261)3149　FAX 03(3261)3237
装丁　　クリエイティブ・コンセプト
組版　　有限会社いりす
印刷　　モリモト印刷株式会社

ISBN978-4-88683-746-2